智元微库
OPEN MIND

成 长 也 是 一 种 美 好

上任90天

新经理的12堂管理课

刘琳◎著

THE FIRST 90 DAYS
12 Courses for New Managers

人民邮电出版社

北京

图书在版编目（CIP）数据

上任 90 天：新经理的 12 堂管理课 / 刘琳著 .
北京：人民邮电出版社，2024. -- ISBN 978-7-115
-65204-1

Ⅰ．F272.91

中国国家版本馆 CIP 数据核字第 2024CP4916 号

◆ 著 刘 琳
　 责任编辑 王铎霖
　 责任印制 周昇亮

◆ 人民邮电出版社出版发行　　北京市丰台区成寿寺路 11 号
　 邮编 100164　电子邮件 315@ptpress.com.cn
　 网址 https://www.ptpress.com.cn
　 天津千鹤文化传播有限公司印刷

◆ 开本：880×1230　1/32
　 印张：8　　　　　　　　　　2024 年 12 月第 1 版
　 字数：200 千字　　　　　　　2025 年 5 月天津第 2 次印刷

定　价：59.80 元

读者服务热线：（010） 67630125　印装质量热线：（010） 81055316
反盗版热线：（010） 81055315

新任经理转型是一个人走上管理岗位的第一粒扣子，研究表明，大约有2/3的管理者在上任半年之后还没有实现成功的转型。刘琳老师的这本书，通过12次对话的活泼方式，讨论管理者在第一次转型过程中的12个基本问题，非常实用和全面，是新任经理成长和成功的重要指南！

——徐中博士　智学明德国际领导力中心创始人

《上任90天：新经理的12堂管理课》中的"快速赢得小胜"策略特别值得推荐。作为一名新经理，你需要迅速在团队中建立信任，而这本书提供了切实可行的方法——通过小规模、易实现的成功，快速树立你的管理威信。作者通过具体案例，解析了如何选取这些小胜目标，并通过它们有效提升团队士气与信任感。这不仅能帮助你顺利度过管理者转型的关键初期，而且能为你未来取得更大的成功奠定坚实基础。如果你希望在职场中快速站稳脚跟，这本书提供了极具实操性的指导。

——亓文凯　小米集团高级培训总监，谷仓学院副院长为什么道理知道了这么多却还是做不好管理？刘琳在这本书里非常创新地用教练对话的方式，循循善诱地给出了一系列方法。无论你是一位新晋经理，还是一位想要成为经理的员工，都可以从这本书中获得启发和自信，少走很多弯路。

——高琳　有意思教练创始人兼 CEO，
畅销书《不被定义》《故事力》作者

《上任 90 天：新经理的 12 堂管理课》是一本为新晋管理者量身定制的实用指南。作者刘琳凭借其深厚的心理学和领导力发展背景，将复杂的管理理论转化为易于理解和应用的实践智慧。本书以主人公晓磊的转型历程为主线，探讨了角色认知、时间管理、代际沟通等关键管理议题，使读者能够在反思中学习，在行动中成长。无论是初涉管理领域的新人，还是希望进一步提升领导力的资深管理者，都能从这本书中获得宝贵的启发和实用的工具。

——刘晓智　无忧传媒内容商业化副总裁，
快手企业大学前负责人、人才发展高级总监

我一直认为在创业公司，对创始人和管理者而言，构建让上下级都感觉舒适与安全的"高质量沟通"是一种必备的能力。高质量沟通，往往都是艰难谈话，而逃避艰难谈话是人的本能，我们在对抗本能。在《上任 90 天：新经理的 12 堂管理课》中，作者用不同的管理场景为读者拆解了完成高质量沟通的方式，书中不仅讲解了相应的技巧和工具，还分析了破除内心障碍的方法。如果你也有类似的困扰和挑战，希望你能在书中找到答案。

——张美吉　九十里咨询创始人

"升职加薪"是职场人永恒的追求，其中机会与能力是最核心的要素。刘琳这本书正是用场景故事讲"机会"，用工具方法拆"能力"，把如何胜任新经理这个重要话题讲清楚了。我想，这本书对于有上进心的职场人、刚刚成为新经理的管理者以及准备提拔任用新经理的高管们，都是非常好的礼物，预祝大家读完这本书都能在职场中晋级！

——后显慧　三节课创始人兼 CEO

我津津有味地读完《上任 90 天：新经理的 12 堂管理课》，很惊叹刘琳老师撰写这本书的诸多巧思，以讲故事的方式讲解新任经理必修的领导技能，实属案例教学的典范。本书的情境设定极易引发读者的共鸣和阅读兴趣；导入的领导理念和工具兼具扎实的理论基础和实操性；将团队和利益相关人的所思所感巧妙融入故事线中，这样的全局视野对于身处转型期的新经理人极具启发性。《上任 90 天：新经理的 12 堂管理课》，新经理的必读佳作！

——佛影　智学明德 Z 学堂创始人，资深领导力教练

作为一名青少年足球培训行业从业者，我对教练的角色最为熟悉。爱踢客作为一家快速成长的公司，面对复杂的环境和富有

个性的员工团队，如何培养年轻的管理干部们的教练型管理能力就成了新的难题。在阅读过刘琳老师的这本书后，我找到了很多答案，我也想把这本书推荐给身边的伙伴。

——孙轲　爱踢客联合创始人

　　这本书读起来让我很欣喜，书中的 12 堂课直陈新任管理者面临的典型困扰和挑战，不仅给出了实操性强又好用的方法，还采用了对话的方式呈现辅导的过程。这本书既可以作为新经理"遇到挑战、检索方法"的案头手册，也可以作为辅导自己甚至辅导他人的成长指南。

——阮伟　科大讯飞组织与人才发展专家

前　言

　　成为一名管理者，是每个职场人成长道路上的一次重大角色转变。

　　在此之前，作为独立贡献者，我们主要关注如何依赖专业技能把事做好；在此之后，则需要关注如何影响与带领他人迎接挑战、拿到结果。面对这种转变，新任管理者们需要进行更深入的自我探索，刷新自我认知，理解新角色的定位与职责，发展出新的思维方式，带动行为的转变。

　　这个过程并不容易。新经理们在角色转型的过程中，会面临"人"和"事"的平衡，"局部"与"整体"的平衡，"短期绩效"与"长期绩效"的平衡，在探寻这些议题的过程中，新经理们渐渐走向成熟。

　　我在企业内部做过十几年的管理者，一直深耕于企业人才发展、领导力发展领域。最近 3 年，我开始作为一名专职领导力顾问，为企业提供领导力发展项目的咨询或培训服务。在课堂、工作坊、调研访谈或一对一辅导的过程中，我接触了上千位管理者，在原有理论知识的基础上又积累了大量真实体悟与案例，于是，我希望用一本书来讲讲管理转型路上的典型故事，为身处挑战中的管理者们提供破题的思路与工具。

进入数智时代，管理者们面临哪些新的挑战

在构思本书时，我专门访谈了一些管理者，他们都提到了一个值得思考的话题：**这几年，做管理似乎越来越难了。**

这种难背后的原因是什么？和时代的变化又有什么样的联系？现在的管理者面临的挑战，与 10 年前的又有什么不同？

带着这些问题，我做了一些思考与探索，总结如下，以期和读者们共同探讨。

第一，是组织的变化趋势。

在 20 世纪 60 年代之前，科层式组织是最主要的组织形态。在科层式组织中，组织更关注的是结构稳定性及个体对组织目标实现的贡献，服从、约束和评价标准的制定是组织中的关键词。管理者们主要依赖权力、制度实现对下属的支配，单向指令是非常有效的管理方式。

从 20 世纪 60 年代起，开始出现矩阵式组织。一直到今天，矩阵式组织仍然是多数大中型企业的主要形态。在这样的组织中，双线汇报、阶段性项目小组都颇为常见，仅依赖职务权威已经不够，管理者们开始需要通过非职权的影响力去驱动下属或同事。

时间进展到 21 世纪，去中心化组织、平台型组织开始出现，员工对制度和权威的服从性进一步降低。

伴随着组织的变化，管理的复杂度逐步在提升，指令性管理效果逐渐在衰减。关注下属的差异化需求、激发下属内在的活力，依赖他们的自我驱动来增加对工作的投入度，成为管理者们的必修课。

第二，是职场主流人群价值观的变化。

最近两年，"00后整顿职场"常登上各类社交媒体热门词条。95后、00后逐渐成为职场主流人群，这一代年轻人与70后、80后有着明显差异。他们不愿意服从权威，更追求个人意义，更崇尚自由，更期待个人价值的实现。他们会大声喊出——拒绝PUA[①]、拒绝画饼。

面对职场新生代，以单向指令为主的管理方式同样不再适用。他们希望被尊重、被影响、被激发，而不是被控制、被说教、被要求。

同时，职场新生代们会更愿意去体验不同的居住地、不同的行业，为自己创造新的体验，在一家企业工作几年、十几年的情况会不断减少。这表明看起来是"员工忠诚度"的下降，但本质仍是代际价值观的差异。所以，管理者是否有能力留住高潜力的年轻员工？是否能获得年轻员工对工作的认可与投入？这些都对

[①] PUA源于美国，全称为"Pick-up Artist"，原意是指"搭讪艺术家"，指男性接受过系统化学习、实践并不断更新提升、自我完善情商的行为，后来泛指很会吸引异性、让异性着迷的人及其相关行为。在职场中，特指上级通过打压、贬低、赞扬等方式实现对下属的操控。

管理者提出了更高的要求。

第三，是外部世界带来的不确定性愈加强烈。

在过去几年，地缘政治、国际经济形势的变幻莫测不断为各种类型的组织带来冲击，科技的快速发展也使企业不断加速进入下一个发展周期。2012 年才成立的字节跳动，用了不到十年的时间成为移动互联时代的一家巨头，人称"宇宙厂"。几年前还被商业界津津乐道的创新先锋乐视、小黄车，又迅速被抛出轨道，离开我们的视野。

多变、不确定、复杂、模糊已经成为这个时代的主旋律。在不确定的环境中，管理者一方面需要凝聚团队、带领团队找到愿景，共同前行，另一方面也需要应对自身的焦虑与压力、保持内在的稳定性，这的确是个巨大的挑战。

综上，相对于 10 年前，管理者们面临的挑战的确是不同的。我将尝试探讨这些变化与不同，例如：

如何用赋能、激发取代指令，增强员工的主动性与内驱力？

如何管理 Z 世代的员工，与他们建立信任？

如何在高度不确定的环境中凝聚团队、带领团队前进？

……

那么，在变化之中，不变的又是什么

在以上列举的种种变化之中，我们同时也看到，管理的本质并没有发生变化，员工的底层需求也没有变。

管理的本质是什么？ 20世纪中期，彼得·德鲁克开创性地提出了"知识型员工"的概念。他认为，"管理的本质，就是最大限度地激发和释放他人的善意""管理需要用人所长"。这些理念在今时今日依然非常适用。

管理者的责任是什么？ 斯蒂芬·罗宾斯在《管理学》中这样定义管理者和领导者：管理者是协调和监管他人的工作，以使组织目标能够实现的人。领导者是能够影响他人并拥有管理职权的人。从这个角度而言，管理者需要身兼领导和管理的职能，既要影响他人、凝聚团队，又要通过协调监管达成目标、拿到业务结果。这些观念也依然适用。

同时，作为管理的对象，每个团队成员都希望被尊重、被接纳，每个职场人也都有追求成就、实现个人价值的共通需求。这些对人性的洞察，在马斯洛需求层次理论、赫茨伯格的双因素理论等经典理论中都有着深入阐述，对这个时代的管理者依然颇具启迪。

所以，在这本书中，我仍然会为读者介绍经典管理理论和工具，让我们共同从管理学者们的智慧中汲取养分，并思考如何应用在今天的管理场景之中。

这本书将以什么样的形式呈现

在这本书中，你将看到一位年轻管理者晓磊的转型历程。他从一位业务骨干晋升至部门经理，并带领一个新组建的部门。上任四周的他遇到了不少困惑，于是，他找到一位叫方晴的领导力顾问，两人展开了一场共计 12 次的长期辅导。在每一次见面中，晓磊会带来他的困惑与议题，在与方晴探讨后，再回到管理场景中展开行动。这些行动或成功，或失败，在不断尝试中，他逐渐获得了对管理的深入体悟。

这本书的主体，是以晓磊和方晴的对话展开的。在每章的最后，会用知识卡片的形式为你梳理本章涉及的管理理论或工具。

本书之所以采用虚构故事和对话体的形式来架构，主要是基于以下两个出发点。

第一，我希望用故事去激发读者们的情绪体验与感悟，为新经理们带来更多启发。

在新经理转型领域，市面上已经有不少经典读物，例如《创始人》《上任第一年》等，这些书也都曾给我带来很多滋养与启发。遗憾的是，在我作为一名新经理时，并没有从这些书中领悟到太多智慧，那时候读这些书更像一种打卡行为。而成长为一名成熟管理者后，再去阅读，反而会频频点头，感觉过往踩过的坑、总结的经验都被作者表述得如此深刻与到位。

为什么共鸣迟到了几年？这应该和成年人的学习特点有关，在我们没有足够的真实实践时，理论知识的摄入很难被我们真正整合与吸收。

可是，新经理们又恰恰是最需要解惑与提升的人群，怎么才能通过文字让处在这个成长阶段的人有感悟、有共鸣、能转化呢？经过探索与思考，我决定用故事与对话的形式去推进。我期望这种形式可以真正让新经理们从故事中看到自己，从而收获反思与体悟，激发行动上的转变。

第二，我希望为读者呈现对话的魅力。

最近几年，"教练型管理者"成为一个受到越来越多关注的概念。教练工作的过程是通过有启发性的提问去激发教练对象主动思考、发现自己的盲点，并找到行为方向。

我是一名 ICF（国际教练协会）的认证教练，也在教练学习的过程中受益良多。在工作实践中，我发现，如果我们完全秉承 ICF 的教练准则——只提问、不给任何建议，这种方式在商业组织中有一定的适用场景局限性。但是，教练本身的理念与技巧都非常值得管理者、培训师、咨询顾问去借鉴，我们可以把教练的理念与提问方法整合在自己原有的工作框架中。

我们可以把这种工作方式称为"教练 +"，例如教练 + 辅导、教练 + 管理、教练 + 培训……

在这本书中，我尝试去呈现教练 + 辅导的理念。整个对话过程是辅导为主，但辅导者具备教练的心态与理念：相信辅导对象自己有探索问题的能力；通过提问引发思考、激发潜能、强化责任。一方面，辅导者会在合适的时机采用教练的提问方式，力求帮助辅导者自己探索答案；另一方面，也会以辅导对象的利益为准则，在他需要得到告知和建议时，以老师的身份提供方法与建议。

我希望为读者呈现这种对话过程的魅力与价值，作为管理者，你同样可以在辅导下属时，尝试在教练和老师两个身份之间切换。

作为一名资深的领导力顾问、培训师及一名成长中的教练，在这本书中我将探索如何将两种身份有机整合，使教练的理念在商业组织中焕发更多光彩，也欢迎更多教练领域的前辈对我的尝试与思考进行指正。

关于本书的阅读建议

在这些年的培训、辅导工作中，我接触过不同学习风格与偏好的管理者。

有的人偏好以理论和逻辑为起点，他们更喜欢先得到一个完整的逻辑或理论框架，然后在实践中去感受与应用；有的人则偏好以实践为起点，再把实践中收获的经验提炼总结成理论。这两种学习偏好并没有好坏之分，关键在于要把理论与实践结合，既不要仅纸上谈兵，也不能只埋头拉车。

我相信实践与体验的力量，也相信理论和思辨的价值。而在本书中，我希望你可以在晓磊的故事中获得真实体验，也能在理论讲述中找到支点。

为了支持你获得更多启发，我也希望能以你偏好的学习方式来提供阅读建议。

如果你的偏好是以理论输入为起点，建议先翻开我为你提供的"知识点导图"，这是本书所有知识点的"逻辑框架"。在这份框架中，我把管理者面临的挑战与职责概括为五个部分，并讲解与本书每个章节的对应关系。将框架了然于胸后，你可以再开始阅读后面的故事。

如果你的偏好是以实践为起点，那就请直接进入正文部分，去感受晓磊视角带来的体验吧。在读完本书后，也可以再回到开头，翻开知识点导图来梳理你的所得。

为了帮助你从"晓磊视角"有更多收获，我在每个小节中设置了四个部分。

第一部分，以晓磊与方晴的对话为主体。在对话中，你不妨代入晓磊的角色，思考方晴的问题你会如何回答以及你可以从方晴的讲述中获得什么。

第二部分，是晓磊在接受辅导之后的行动。这些行动不会总是成功的，但失败的行动同样也值得学习，建议你去思考：失败的原因是什么？如果是我，我会如何调整？

第三部分，是知识卡片。我把这一小节中涉及的核心理论与工具提炼出来，呈现在这部分，也可以成为你的收获和领悟。

第四部分，是学以致用。我列出了一些问题，建议你用这些问题帮助自己检视：我在这些方面做得如何？我有哪些调整和改善的方向？然后在工作中开始行动。

以上就是关于本书的阅读建议。接下来，让我们与晓磊共同开启新经理的成长之旅吧。

CONTENTS

目录

第 3 部分

突遭变故，沉稳以对

在正式进入故事之前，我们来一起认识一下故事的主角们。

主 人 公

胡晓磊

29 岁，工作 7 年

大学毕业后，晓磊作为校招生加入一家快消品公司的市场部，并在那儿工作了 4 年，从一名职场新人成长为能够独当一面的业务骨干。

随后，他加入了 MC 公司。这是一家快速成长的智能家电公司，成立不到十年，市场占有率已进入行业第一梯队。晓磊加入 MC 公司品牌公关中心的品牌营销部，任品牌营销主管。

今年，MC 公司决定成立新媒体营销部门，归属于品牌公关中心。市场总监张鹏原本计划在市场上招聘一名经理来管理这个部门，但一直没有合适的人选。张鹏和人力资源负责人（HR）经过审慎考量，认为晓磊在之前的项目管理工作中表现出了良好的管理潜力，而且在市场营销领域的专业性也不错，虽然他在新媒体营销方面缺乏经验，但还是一个可以考虑的内部人选。

于是，晓磊开始了新手上路的实习经理之旅。

胡晓磊的下属们

范雨 善于单打独斗的专业大牛
30 岁，女，工作年限 8 年

在 MC 公司工作了 5 年，是品牌公关中心另一个部门的主管。

创意能力和文案能力都很强，做策划、写文案都是一把好手；但更擅长单打独斗，和他人协同沟通是她的短板。在得知要成立新部门时，她主动找到张鹏，表达了对新媒体营销的兴趣，并申请调入新部门，成为晓磊的下属。

大木 踏实勤奋的基层小兵
24 岁，男，工作年限 2 年

在加入新部门之前，他和晓磊同在品牌营销部，也曾在晓磊主导的项目中承担部分基础工作。两人过往配合得不错，有信任基础。他工作认真踏实，专业能力与经验都尚在积累中。

小叶　聪明、心气高的应届毕业生
23 岁，女，工作年限 1 年

　　公司去年入职的管培生，某 985 高校市场营销专业毕业。在人力资源部门的规划中，这一批管培生将在未来 3 年内成长为公司的骨干，5 年内成长为基层管理者。小叶非常聪明，反应敏捷，敢于表达；但据她的前任上级反馈，她有时显得较为自我，有时会挑活儿。

佩佩　有潜力、缺经验的中坚骨干
26 岁，女，工作年限 4 年

　　成立部门时从外部招聘的员工，之前在一家短视频平台负责运营工作，对各类新媒体平台的功能与特点都很了解，但缺乏甲方市场部门的工作经验。佩佩性格开朗活泼，喜欢新鲜事物，乐于学习，是个有潜力的姑娘。

冯君　有经验、吃老本的专业熟手

28 岁，男，工作年限 6 年

部门成立时外招的另一名员工。之前在一家母婴公司的市场部工作，经历了该公司新媒体营销部门从 0 到 1 的阶段，有不少实操经验。短板是过于依赖成功经验，缺乏更开放的心态，听不进去建议，未来发展潜力一般。

胡晓磊的上级

张鹏

40 岁，男，现任 MC 公司的品牌公关总监

品牌公关部负责人，本来是晓磊的隔级上级。在晓磊晋升后，成了晓磊的直接上级。在品牌公关、市场营销领域有十几年的工作经验。在加入 MC 公司前，曾任职于某世界 500 强企业，专业能力优秀。他从 0 到 1 搭建了 MC 公司的品牌公关团队，也是把晓磊招进 MC 公司的人。

序　幕

在工作的第 7 年，我成了一名新经理。

在晋升之前，我正陷入对未来发展的迷茫之中。我已经做了7 年品牌营销相关的工作。作为一名主管，我参与过不少公司的重点项目，渐渐感到挑战与成就感都在降低。我的上级在这家公司工作多年，非常稳定，我应该没有晋升和取代他的可能性。

跳槽吗？似乎又没有足够的动力让我下决心离开。

就在这个时候，张鹏，也就是我的隔级上级，品牌公关总监找我谈话。他告诉我，公司准备在品牌公关中心成立一个新部门，叫作新媒体营销部，他认为我具有一定的管理潜力，希望我去承担部门经理的职责。

我的第一反应当然是开心。可以升经理了！而且还是做新媒体营销，这是当下的趋势，也是我很感兴趣的方向。

第二反应则是有点忐忑。我真的可以吗？我虽然接触过新媒体营销方面的工作，但我真的可以把这个团队搭建起来吗？我能达成公司的期望吗？

张鹏看出了我的疑虑，他告诉我，这块工作公司之前一直是外包的，现在希望自建团队，大家都是摸着石头过河，他会支持我一起探索，把这个团队搭建起来。他还提到，在之前的重点项目中，我展现了良好的沟通协调能力，他对我有信心。

于是，我上任了，成为一名新经理，实习期六个月。

晋升的第一周，我每天忙着找同行请教，见乙方合作伙伴，畅想未来的工作规划，一切都让我觉得充满期待。

第二周，团队成员逐渐到位，我有了五名下属，我跟每个人沟通，又拉着他们开了好几次会，把规划好的工作任务拆解给每个人。我以为，团队很快就会转动起来，走上正轨。

第三周、第四周，我陷入了一片混乱和忙碌之中。

给下属们拆解好的任务，验收时却发现和自己的预期有很大差距；

有些看起来很简单的事，反复沟通都说不明白；

开会分配工作时，他们都没表达什么不同意见，可推进起来又推三阻四；

好多工作最后都砸在我手里，我下班的时间越来越晚……

到底是哪儿出了问题呢？我想找一个突破口，却不知从哪里开始。

有一天，我女朋友艾米在朋友圈里看到她的前上级方晴发了一条小广告。

方晴

这个月开始启动我的新书，为了能获得更多鲜活的线索与案例，希望征集一到两位今年晋升到新经理岗位的小伙伴。

我可以提供：10～12 次免费的 1 对 1 辅导。每次 60 分钟左右，并承诺对我们的对话内容保密。

希望你可以：带着真实的困惑进入辅导过程，全情投入。

有意愿的伙伴可以小窗联系我，咱们先约一个初次沟通，一起判断是否可以开启一段共同的旅程。

原来，方晴是一名领导力顾问和培训师，为不同的企业客户提供咨询和培训服务。她在朋友圈的广告里提到，她正在写一本以新经理转型为主题的书，为了收集案例，她希望邀请几位正在转型过程中的新经理，开展10～12次一对一辅导，不收费，但希望辅导对象能够带着真实的问题参与。

"这简直就是为你量身准备的呀！晓磊，你去聊聊吧。"艾米举着手机跟我说。

我有点犹豫："这真的行吗？跟一个陌生人聊自己碰到的困惑？我好像有点抹不开面子。而且，她水平行不行？真的能帮到我吗？"

艾米极力推荐："我以前做她的下属时，觉得她还是很有领导力的，她讲课也很好。你要不要先约她一次试试？方晴在朋友圈里说了，第一次见面叫作化学会谈（chemistry meeting），双方先感受一下，如果聊完不合适也没关系。"

我接受了艾米的建议，跟方晴预约了第一次会面。

第 1 部分

PART 1

拨开迷雾，适应角色

新经理上任，兴奋与迷茫同在，自豪伴焦虑同行，一堆问题浮出水面：

▶ 管理者有哪些角色？如何在不同场景中做出正确的角色选择？

▶ 一群人凑在一起就成为团队了吗？管理者如何让新团队更有凝聚力？

▶ 大堆的任务扑面而来，应该如何排出优先顺序？

▶ 哪些工作应该自己接手，哪些工作应该授权给下属？

▶ 为什么我总是在做救火队员？怎样才能让下属多担责？

▶ 如何与团队成员建立信任？

01

角色认知

◀◀◀ **管理者的四顶帽子，你缺了哪一顶** ▶▶▶

> 把你带到当前位置的能力，不能把你带到更高的位置去。
>
> ——埃米尼娅·伊贝拉,《能力陷阱》

面谈

第一次见到方晴，是在北二环边上的一家咖啡馆里。

周日下午，咖啡馆的人不多。我比约定的时间迟到了几分钟，走进店里第一眼就看到了一位身穿米色针织衫的女士坐在窗边，直觉告诉我，她应该就是方晴。

我朝窗边的位子走过去，她恰好抬起头看到了我："你是晓磊吗？我是方晴。"她的声音很亲切，我因为迟到产生的一点局促消失了。

我赶快坐下，对她表示歉意："方老师，真不好意思，出门时恰好接了个工作电话，耽误了一会儿。"

"没关系，我也刚到。"方晴老师说。

"咱们从哪儿开始呢？我是不是先介绍一下自己的情况？"第一次面对这种类型的会面，我的局促感又来了，忍不住想赶紧说点什么来推进话题。

"好呀，你要不要先点杯饮料？"她敲了敲桌面上的二维码。

我拿出手机扫码，一边快速浏览着饮料单，一边在脑海里整理着思路，想着一会儿应该从哪儿开始说。

方晴先开了口："晓磊，咱们就不客套了，直接进入正题。我先来简单介绍一下自己和对辅导的约定，你也评估一下这种形式是否适合自己。你觉得可以吗？"

"好的，您说。"

"我是一名领导力顾问，主要工作是为企业定制领导力发展的项目、交付课程、为管理者提供一对一领导力教练服务。我今年正在写一本以新经理转型为主题的书，所以，我想找几位正在转型的新经理去做阶段性的辅导，为这本书提供一些灵感。今天我们先聊一聊，双方都评估一下是否适合。如果双方都有意愿，就开启 10～12 次的长期辅导。辅导是免费的，最初每周一次，后面可以根据需求来安排。我承诺，所有讨论内容都将严格保密，不会透露给其他人。我将来在写书时可能会以我们的对话为基础蓝本，但会对其进行艺术加工与抽象处理。大致就是这些，你还有什么想了解的吗？"

"说得很清楚了。我只有一个小疑问，辅导的内容是如何确定呢？是你每次安排一个议题，给我讲讲课吗？还是我提问，你回答？"我问道。

"好问题。可以肯定的是，不是单纯讲授的形式。我会给你讲解一些理论，但更多时候，是围绕你的困惑跟你一起探索，帮助你自己来寻找答案。"方晴回答道，"至于每次的话题，我的建议是根据你的迫切程度，由你来决定。你觉得呢？"

"太好了，"我回应道，"在来之前，我其实还有点担心这会是一对一的授课过程。这让我想起了高中时父母给我找的家教，压力有点大。"

方晴笑了："我可不想做那种挥舞着小教鞭的家庭教师。成年人的学习是自己的事，你在管理中有困惑、有难题，才会有想去找答案的动力。我的角色更像是你找寻答案过程中的伙伴，在你需要时，我也会讲解一些知识点。在这个过程中，我更希望你是主导者。"

"好的！这是我喜欢和期望的形式。那咱们开始吧！"我有点期待今天的对话了。

▌新经理的误区：过于利用自己的优势 ▶▶▶▶▶▶▶▶▶▶▶▶▶▶

"你就先来做这场对话的第一个决定吧。今天你想聊聊什么？想从哪儿开始？"方晴把主动权交给了我。

"那就聊聊我现在的状态吧。我觉得每天都很忙，有干不完的事。另外，我觉得我的部门没什么向心力，大家各忙各的，跟我交流时也总像隔着一层窗户纸。让我觉得……怎么说呢，好像是有点孤立无援，感觉我们并不是一个真正的团队。"我尝试着描述最近的感受，"当然，我刚上任一个月，我也知道团队的形成是需要过程的。可我现在应该做点什么来改变现状呢？我完全没有头绪。"

"嗯，孤立无援，这个感受很细腻。你提出了两个问题，一是自己很忙，二是团队没有向心力。那你想聊哪个问题呢？"方晴问。

"先聊聊团队的事吧。我想知道，怎样才能让我感觉到我在一个团队之中，我是被下属们支持的。"我回答。

"好的，你提到部门还没真正形成一个团队，说明你已经具备管理者的意识了。那你觉得怎么样才算是一个团队呢？"方晴问。

"嗯，让我想想。"我沉吟了一下，"7 年前，我大学毕业，进入了一家公司的市场部，部门里有 8 个人，我是最年轻的。刚加入时，我内心还是有很多担忧的，担心自己没什么经验干不好工作，但很快我就没有这种担心了，一个月之后我就觉得自己是团队中的一员了。在那个部门，我特别有安全感，有什么不懂的都可以问，每个人都会愿意回答我。开会时，大家会毫无保留地展开讨论；作为新人，那会儿我其实并不完全能听懂，但能感受到大家探讨问题时的真诚和相互信任，不怕得罪人，有什么想法就直说。做市场，总是会有一些急活儿，大家也都不会推来推去，谁多承担一点也不会抱怨。现在想起来还是很怀念那个部门，那就是我心目中的团队。"

方晴听得很认真，她总结道："很好，你提到了团队的两个重要特征：成员之间相互信任、愿意协作。在这样的团队中，大家都会有归属感和心理安全感。那现在你的部门呢？是什么情况？"

"我先介绍一下我升职的背景吧。"我觉得有必要补充一些信息给方晴。我简单叙述了我在这家公司原来的岗位与职责，以及张鹏找我谈晋升时的情况。然后，我又介绍了部门的人员构成："我有 5 个下属，3 个是从不同部门调过来的，两个是外招的。我特别想把这个团队带到第一家公司那个状态，可是，我不知道该怎么使劲。现在的状态跟我心目中的团队恰好相反：大家开会时都不太愿意说话，都是我一个人在说；每个人也都只干自己手头的活儿，彼此之间没什么互动……我本来想安排大家这周下班后一起吃个饭，团建一下，打破一下这个局面，可有两个人说自己有事，就没组织起来。"

方晴一边点头一边记下我说的重点，听到我说团建的事，她乐了："我也发现你们 90 后，特别是 95 后都非常不喜欢团建，说上班已经很累了，还要用个人时间去团建，搞得比上班还累。这真的是代际差异啊。"

我苦笑了一下："方老师，我是 1993 年出生的，我并不排斥下班的团建活动，看来我更像 80 后。"

方晴说："咱们以后可以专门探讨一下更年轻的小朋友们在想什么。说回今天的话题吧，可以说说你接手团队之后都做了什么吗？平时是怎么跟大家沟通工作、交代任务的？"

被问到这个问题，我还是挺有信心的。我一直是个非常注重条理和计划性的人，在原来的部门，大家也都特别认可我这个优点。我回答道："5 个下属并不是同一时间到位的，每个人加入后，我都和他们做了一对一的交流，了解他们擅长什么、以前做过哪种类型的项目，然后给他们做了分工，分工前也征求了大家的意见。我觉得自己算是做到了用人所长，也考虑了每个人的需求。最近部门里有两个重点项目，我都提前做了非常详细的规划与分工，跟上级确认没问题后，在部门例会上进行了分工讲解。我们部门的职责划分应该算是相当清晰的，任务也具体落实到了个人。"我一股脑说完，觉得自己在这方面做得还行。

"听得出来你是个很擅长规划和任务统筹的人。"方晴先对我进行了肯定，"我想邀请你想象一下，如果你是你们部门里的一位新员工，加入了这个部门之后，你最渴望了解的是什么呢？"

"渴望？"我重复了一下这个词，没想到方晴用了一个程度这么高的词，让我愣了一下，"嗯，我会想了解我的职责、上级对我的期望和工作要求……这些我都交代了呀……"

"再想想呢，还有什么吗？"方晴追问道。

"啊，我突然想到了点什么……"我想起了 5 年前，我们部门空降了一位新总监，当时我对他充满了好奇，想知道他究竟有多少实力，能不能带领我们这个团队，我能从他身上学到什么，也想知道他准备带我们干点什么大事，会不会让我们部门有更多新发展……顺着这个思路，我整理了一下自己的语言："他们会想了解我是谁，我凭什么能带领这个部门，还想知道我们部门能干出什么活儿，对公司有什么价值。"

"是的，作为一个新组建的部门，大家可能还很好奇：公司为什么要组建这个新部门呢？这个部门在公司整个业务链条里扮演什么样的角色呢？这个部门会如何跟上下游部门展开合作呢？"

方晴补充道，"这些信息大家在加入之前一定零散地听到过，但大家应该还是会期待你来做一个官方的、正式的、系统的回应吧？"

"是的是的，您说得对。"我突然悟了，"我太注重在具体事务的计划和推进上了，一股脑就扎在具体项目里了。原来我错在这儿了！"

方晴摇摇头："也不能说做错了，这些事本来也是你的职责，只能说你少做了一些事。我特别能理解，规划统筹、专注做事是你的优势。很多管理者在最初上任时都会利用自己的优势去打开局面。但是，过度利用自己的优势，有时也会让自己的视野缩小，沉浸在'我做得挺好'的感觉里，忽略其他该做的事。"

"我理解了，我需要想一想，怎么就大家关心的事来进行一些说明。我是不是应该在下周例会上统一给大家讲讲部门的中长期规划？我前天刚给上级做了汇报，他们还挺满意的。"

方晴说："先别急，我发现有一个知识点和你目前的困惑颇有关联，是关于管理者到底有哪些角色的。你有兴趣听一听吗？"

我回答："当然有兴趣。"

▌ 管理者的四顶帽子 ▶▶▶▶▶▶▶▶▶▶▶▶▶▶▶▶▶▶▶▶▶

方晴拿出一张纸，在纸上画了四顶形态各异的帽子（见图1-1）。我很好奇，想听听她会讲点什么。

她把纸转过来朝向我，开始讲解："你现在是一名管理者，这是你的新身份，在这个身份上其实还可以有不同的角色。举个例子，你看，我是一个妈妈，这是我的一个身份，但我作为妈妈在

图 1-1　管理者的四顶帽子

跟女儿互动时，我可以是她的'老师'，也可以是她的'闺蜜'，还可以是她的'照顾者'，这些都是我的角色。当我们成为管理者的时候，也要去思考这个问题——在'管理者'这个身份背后，在与下属的互动过程中，我都可以扮演哪些角色呢？我们可以把角色比喻成帽子，你会根据天气、场合、衣着来选择戴哪一顶帽子；作为管理者，其实也一样，你要去判断在不同时刻、不同场合应该戴上哪一顶帽子。"

　　看着我频频点头，方晴继续说道："你现在最常戴的，也是你最爱的一顶帽子，我们可以把它叫作'manager'，也就是经理。这个词是 manage 加 er 演变而来的，意思就是做管理的人。这顶帽子是任务导向的，负责保障一个团队的绩效达成与任务产出，所以要做到计划排岗、任务分配、质量追踪、结果评估。这顶帽子你用得很到位。可是，你还缺了一顶重要的帽子，我把这顶帽子叫作'leader'，领导。lead 这个词来自印欧语系的词根 leith，意思是前进、向前、从一个旧领域进入另一个新兴领域。所以，'leader'这顶帽子所代表的含义，就是带领着团队不断突破现状，朝向共同的目标迈进。这顶帽子是意义导向的，戴上这顶帽子时，我们需要为团队成员回答'为什么'这个问题。我们为什么存在？我们要去向哪里？我为什么愿意在这个团队中和大家一起工作？leader 要能够预见未来，描绘愿景，也能够通过个人激情来鼓舞士气。同时，一个 leader 往往也会具备一定的人格魅力，让大家愿意凝聚在他的周围，愿意追随他。"

我闭上眼睛感受了一下，在我的团队里，似乎我从来没有戴上过这顶帽子，除了交代工作，我没有展示过什么值得让大家追随的特质。我有点沮丧。

方晴捕捉到了我这个微妙的小情绪："作为刚刚上任的新管理者，现在发现自己的这个小误区，你觉得晚吗？"

"不晚吧……"我想了想，"对，完全不晚。"

"是的，完全不晚。所以，这算是咱们今天第一个小成果？"方晴问。

"没错，"我的注意力又回到了那张纸上，"那其他两顶帽子又是什么呢？"

"还有两顶帽子，我会把它们叫作'老师'和'教练'，这两顶帽子都指向团队伙伴的成长，只是工作方法不同，为了便于理解，我特意做了区分。老师的工作方式是告知、讲解，教练更多是在提问和启发。"方晴解释道。

"哦！我好像听艾米提过，教练是一种新兴的职业，很多首席执行官（CEO）都有自己的教练，教练们不是教 CEO 怎么做事，而是通过提问来帮助这些高管自己发现答案。艾米还想去参加教练认证呢，但我不太能理解，这真的行吗？"我提出了自己的困惑。

"你可以自己慢慢感受一下这两个角色的价值。我在和你对话的过程中，其实就会同时使用老师和教练两个角色。你回想一下，能感受到吗？"

我回想了一下："好像是这样。在过程中你也问了我很多有启发性的问题。但有的时候，你也会告诉我一些知识点。"

方晴很开心："没错。那你能再想想教练的独特价值是什么吗？"

"大概是提着耳朵告诉我的，我听不进去；但你问啊、问啊，我自己找出来的答案，我就会很有成就感吧。哎，这微妙的人性啊。"我感觉自己又摸到了一些管理的奥妙。

"是的，发展领导力的过程，就是更理解自己也更理解他人的过程；懂人性是管理者重要的功课。"方晴回应。

我点头表示理解。

方晴继续说："好的，我们总结一下，管理者有四顶帽子，其中'经理'对任务和结果负责，'领导'对团队和意义负责，'老师'和'教练'对人的成长负责。作为一个管理者，我们需要在不同的帽子之间做出有意识的选择。也就是说，在一个需要你行动起来的管理场景中，我会建议你先别着急按自己的本能行动，而是停下来想一想，此时此刻，我应该戴上哪顶帽子？我应该对什么负责？我应该做些什么？"

方晴的问题像是在我心里投下了一颗小石子，激起了一圈圈涟漪。

"此时此刻，我应该同时对任务的推进和团队的氛围负责。在过去的两周，我一直戴着'经理'这顶帽子，下一周，我需要同时戴上'领导'和'经理'两顶帽子。"我回答。

她继续问："如果在下一周，你戴上了'领导'这顶帽子，你又可以做些什么呢？"

接下来，方晴和我探讨了如何戴好"领导"这顶帽子。我受到了不少启发，准备下周就行动起来（具体如何行动，请看下一小节的记录）。

▌新经理的另一个误区：总是在做业务骨干 ▶▶▶▶▶▶▶▶▶▶

我看了一下表，我们已经聊了一小时了，我感觉收获不小，可以收尾了。方晴问我："下周你想聊什么话题呢？有想法吗？"

"要不就聊聊为什么我总是那么忙？怎么才能提高工作效率？"我试着抛出一个话题。

方晴说："当然可以，其实这个话题跟今天说的帽子息息相关。咱们下周可以继续讨论下去。"

"能先透露一下吗？为什么这个也跟帽子相关呢？"我有点好奇。

"我刚刚只讲了四顶帽子，其实管理者还有一顶隐形的帽子，叫作'业务骨干'，也就是延续了你作为个人贡献者时的一个角色。你想想，你是不是很多时候都在戴这顶帽子呀？"方晴问。

"真的，那些忙到 10 点下班的夜里，我都是作为项目上的骨干在干活。但这应该没问题吧？管理者不就应该以身作则、身先士卒吗？"我问。

"你说的有道理，基层管理者很多时候必须作为业务骨干去承担一些任务，特别是在团队刚刚组建、还不太完善的时候。一方面，我们要为大家做出表率；另一方面，当团队成员能力不足时，我们需要作为先锋去拿结果。但是，如果你一直特别忙，就需要反思一下，是不是过多承担了业务骨干的角色，是不是有些时候可以戴上'教练'或'老师'这些帽子？"方晴又抛出了一个新的问题。

我感觉自己从道理上似乎被说服了，可又不是很服气："可我干的活真的分不出去啊。以后上正轨了可能会好一点，现在部门真的还不成熟。"

方晴笑了："先不急着下结论，咱们下周可以探索一下这个话题。给你留一个小作业，你记录一下某个最忙的工作日，你都干了哪些事，花了多少时间。下周带着过来，咱们一起讨论。"

"好的。"我答应了，其实内心稍微有点不情愿。本来就那么忙了，怎么又多出一个做作业的任务呢？

方晴补了一句："哦，我忘记征求你的意见了。通过今天的沟通，你有意愿和我建立一段长期的辅导关系吗？如果愿意的话，我们会在这个月里每周见一次面。后面再根据情况来安排。"

"很愿意，今天让我获益良多。"我赶紧表达出自己的诚意。

"好的，谢谢你的认可。那我就要提要求了：在辅导过程中，我会留一些小作业。这是让辅导过程更有效的方式，请一定要做哦。"

"好的，我一定会抽空做的，方老师。"这次答应时，我的不情愿消失了。

夜幕降临时，我跟方晴结束了第一次会面，离开了咖啡馆。在十字路口等红绿灯时，我想起了上个周日晚上。那天我在公司加了一整天的班，回家路上也是在这个红绿灯前，想到周末就这么过去了，明天还要去公司上班，整个人突然就很低落。今天又是周日，我感觉自己多了一点能量来面对下一周。似乎还有点期待呢。伙伴们，周一见！

面谈后的行动

周一早上开完周会，我跟部门的小伙伴说，下午 4 点至 6 点，请大家空出两小时，我们开个小会聊聊部门下一步的规划。我观察了一下，大家的表情各不相同，有人不置可否，有人似乎有点期待。

下午 4 点到了，伙伴们陆续来到会议室。我清了清嗓子，做了个开场白："最近几个星期里，因为各位同事加入团队的时间不同，所以我跟每个人都有一些沟通，也开了几次项目推进会，但一直还没有机会跟大家介绍一下咱们整个部门的规划，今天希望用一点时间和大家一起聊聊这个话题。另外，也希望留一点时间让大家再深入了解一下彼此。"

在会议正式开始前，我已经把投影仪准备好了，但我没有急着去讲自己做好的 PPT，而是问了一下大家："关于咱们部门的定位、未来的发展、规划，你们有什么想了解的吗？你们可以先提问，这样我讲的时候就会更有针对性。"

这种方式是昨天方晴建议的，她说这样会让团队成员更有参与感。

然而，我的问题抛出去，并没有得到热切的回应。会议室里陷入了沉默，似乎有点尴尬。还好，我早有准备。这种沉默，昨天方晴也提到了，我按照她的建议，给每个人发了几张便利贴，说："大家先不急着问，可以想一想，把自己想了解的问题写下来，每张纸上写一个问题。咱们 5 分钟之后把问题都贴出来。"

我推过来一个大白板，用白板笔将板面分成了五个格子，每个格子里写了一个标题，分别是中长期目标、短期目标、职责分工、和其他部门的协同、其他问题。然后我跟大家说："一会儿你

们可以把自己的问题贴在相应的格子里。写完就可以贴了。"

过了 2 分钟，佩佩第一个站起来把她的 4 个问题分别贴在了不同的格子里，然后其他几个伙伴也相继起身贴上了便利贴。正好我提前预订的奶茶到了，在大家贴问题时，我把奶茶分给大家。会议室里有人在走动，有人站在白板前小声读别人的问题，还有人拆开包装，开始吸溜吸溜喝奶茶。整个房间的气氛逐渐活跃起来，开场时的那种尴尬像是被从窗户缝里挤了出去。

太好了，这个氛围就对了。我在心里默默地给自己点了个赞。

接下来，我依次摘下每个格子的问题，先请写问题的人补充描述他的问题，我再来讲解和回答。有些问题在提前准备好的 PPT 里有答案，我就把投影仪打开作为辅助。在讨论过程中，大家都渐渐明晰了我们部门的整体定位和职责，用方晴的话说，就是大家从之前只关注自己手里的小拼图，变成看到了整个大画面。

作为新媒体营销部门，我们主要的工作职责包括：

（1）在主流社交媒体（如微博、抖音、微信、小红书等）上维护官方站点，发布文章、图文、短视频等消息，吸引更多用户关注，传播品牌形象。

（2）和各产品线共同策划落地以社交媒体为载体的各类营销活动。

（3）进行各新媒体平台的广告投放，跟进投放带来的流量和用户数据，提高转化，为公司创造收益。

大家也提出了很多问题，例如：

在不同的社交媒体上，我们发布的图文和短视频是否要做风格的区隔，从而更适配平台的用户偏好？公司会如何衡量投放的效果，是更看重浏览和传播量，还是更看重转化后的销售数字？

有些问题我也还没有明确答案，或还没有和上级达成共识，我就坦诚地告诉大家，这些可以作为我们未来的议题，一起做探索和讨论。作为一个新组建的部门，有这些未解议题是正常的，我们需要在前进和试错的过程中梳理出答案。能让大家都看到问题，也都愿意主动思考，这就是一个好的开始。

整个会议持续了将近 80 分钟，能感觉到大部分伙伴都被调动起来了，他们很投入地听我说，也在思考，不时提出自己的想法和疑问。但是，我发现范雨似乎有点游离。我试着问过她两次："你对这个问题怎么看？"她也说没什么不同意见。看得出她内心还是有自己的想法和疑虑的。

没关系，罗马不是一天建成的。今天就是先松松土，大方向是好的，问题要一个一个解决。

五点半，业务问题基本讨论到位，我总结了待解决的问题，写在部门公共在线文档里，跟大家约定未来再约时间讨论。

然后，我又拿出提前准备好的一堆纸条，说："还有最后半小时的时间，我们换一个轻松点的形式来彼此深入了解一下吧。这些小纸条上都是不同的问题，一会儿从我开始，我抽一张纸条，回答上面的问题，然后从我右手边开始，下一位伙伴回答这个问题，直到所有人回答完，再进入下一轮。咱们可以转上三四轮，6 点结束。"

规则并不复杂，大家马上就理解了。佩佩说："这就是真心话大冒险的变形版吧？"

我回答："的确有点像，但问题都是我精心准备的哦。"

大家有点好奇，有几个小伙伴开始翻阅这些纸条，想看看我准备了些什么问题。

- 对你来说，"完美"的一天是什么样的？
- 有没有什么事是你一直梦想去做而没有去做的，为什么没有做？
- 截至目前，让你最有成就感的一件事是什么？
- 在一份工作之中你最珍视的是什么？
- 分享一个让你觉得尴尬的时刻。
- 如果你明天一觉醒来就能拥有某种才能或能力，你希望那是什么能力呢？
- 分享一个大家还不知道的、你的经历或特质。
  ……

这个问题清单也是方晴给我的，她说她曾经在不同的团队和课堂上试过这个小活动，过程中会有很多奇妙的化学反应，你会发现团队成员身上有很多你不曾了解的侧面。但她也提醒我，这个活动并不是任何时候都有效的，如果氛围还比较尴尬，大家都还没放开，就别急于尝试。

今天聊完业务话题，我感觉氛围还不错，就抱着试试看的心态把这个活动提上了日程。真的，方晴说的那种奇妙的小火花出现了。在今天之前，这些小伙伴在我眼中的形象基本就是他们加入团队时那一页简历上静态的文字描述，但现在我能真切地感受到，每个人都是有血有肉、充满个性的活生生的人。

佩佩的高中就在我大学的隔壁，也许我们曾经在同一条小吃街上擦肩而过；范雨跟我一样喜欢读阿西莫夫的科幻小说；大木竟然曾经是一个地下乐队的主唱，你看他的外表完全不可能想得到……

我能感觉到有一些情感连接开始在团队中渐渐展开。要使我们的团队真正成长为一个有凝聚力的团队，我们还有很长的路要走，但今天是一个好的开始。

一 管理者的 4+1 顶帽子

　　管理者有五个不同的角色，每个角色的行为、导向、解决问题的方式都不同。我们可以把角色比喻成帽子，管理者需要根据情境、下属的状态判断此时此刻要戴上哪一顶帽子（见表 1-1）。角色是一种有意识的选择。

表 1-1　管理者的帽子

帽子	导向与关注重点
经理	**关注业务结果** 任务分配　计划跟进 质量监控　绩效评估
领导	**关注团队与意义** 描绘愿景　呈现意义 建立信任　促进协作
老师	**关注人的成长** 给出建议　指导方法 答疑解惑　及时反馈
教练	**关注人的成长** 引发觉察　建立承诺 促进探索　提升信心
业务骨干	**关注短期业务结果** 专业过硬　冲锋陷阵 身先士卒　把事搞定

GRPI 模型，由理查德·贝克哈德（Richard Beckhard）于 1972 年首次提出，由三位学者欧文·鲁宾（Irwin Rubin）、罗纳德·弗赖伊（Ronald Fry）、马克·普洛夫尼克（Mark Plovnick）于 1977 年在他们合写的著作《任务导向的团队发展》（*Task-oriented Team Development*）中发展完善（见表 1-2）。

表 1-2 GRPI 模型具体表现

要素	具体表现
Goal： 愿景目标	1. 共同认可承诺的愿景 2. 明确的战略和绩效目标
Roles： 角色和职责	1. 适当分配角色（有胜任能力的成员担任相应角色） 2. 每个角色充分理解自己的职责 3. 领导者有适当的领导风格
Processes： 运营和沟通决策流程	1. 鼓励沟通和提出个人建议与反馈 2. 清晰的计划、决策和执行流程 3. 避免内耗和无用功
Interpersonal Relationship： 人际关系	1. 相互信任 2. 尊重差异 3. 支持与认可

划重点：新任管理者可以用这个表格来诊断自己的团队，判断需要在哪些要素上采取行动、改变现状。以晓磊为例，现阶段他在"角色和职责"这个要素上做得还可以，"运营和沟通决策流程"还需要在未来团队运行磨合的过程中不断完善。目前最需要改善的两个要素是"愿景目标"和"人际关系"。于是，他在周一例会上围绕这两个要素开展了工作。

学以致用

邀请你用以下问题来帮助自己审视现状，找到行动的方向。

1. 管理者的四顶帽子，你最喜欢戴的是哪一顶？容易遗忘或缺失的是哪一顶？

2. 接下来，你希望自己如何调整？哪一顶帽子需要多出现一些？

3. 用 GRPI 模型来审视你的团队，哪些要素做得还不错？哪些要素是需要提升的，你准备做些什么来提升？

02

时间管理

◀◀◀ 要事第一，慢即是快 ▶▶▶

> 做正确的事，比正确地做事更重要。
>
> ——彼得·德鲁克

周一晚上回家的路上，我有一点意气风发。会议取得了一个满意的结果，我感觉管理这个神秘的领域已经为我敞开了大门。

不过，这种感觉并没有持续太久。周二和周三，我又陷入了焦头烂额的忙碌之中。周一团队成员之间建立起的一点小小信任，一到真实的任务面前马上就灰飞烟灭，被打回原形。我每天忙着处理各种突发事件，为团队成员的失误收拾残局，自己手头的工作只能放在下班之后加班完成。周四，我忙碌了一整天，晚饭前想起来还没做方晴的作业，本来就不怎么样的心情又下沉了一格。

艾米为了让我心情好一点，专门从我最爱的日料餐厅帮我叫了一份外卖。当软糯的鳗鱼和裹着酱汁的米饭在舌尖翻滚时，我感受到了一丝真切的慰藉。行吧，吃完饭就做作业，捋一捋今天我都干了什么。

晚饭后，我打开笔记本电脑，盘点了一下今天的工作（见表 2-1）：

表 2-1　工作记录

序号	干了什么	花了多少时间
1	帮上级接待临时到访的合作伙伴	60 分钟
2	面试人力资源部为我约的实习生	40 分钟
3	检查佩佩做的数据分析报告	20 分钟
4	发现佩佩的报告不合格，但今天就得提交，接手过来自己做	90 分钟
5	参加某产品线组织的购物节营销活动头脑风暴会议	120 分钟
6	发现在某短视频平台上的产品宣传视频因为违规被屏蔽，但不知道问题出在哪儿了，跟下属一起找问题	60 分钟
7	回邮件	约 30 分钟
8	不知道花在哪儿的零碎时间	约 60 分钟
9	写一份品牌宣传的视频脚本	准备晚饭后开始

一天下来，能记起来的也就是这些事。本来是计划今天上午就开始写视频脚本的，但是出现了好几个突发事件，耽误了时间，只能晚上加班完成了。不知道方晴能从这份作业里看出什么呢？

面谈

周日的见面还是约在了老地方。这次我提前了几分钟到，我特意把记录一天工作的时间表打印了出来，以便一会儿讨论。

方晴准时到来，她一边坐下，一边问我："这周感觉怎么样啊？还是那么忙吗？"

"是啊，还是很忙，但我还是把作业完成了。"我特意强调了这一点，想用这种方式来表达我对辅导的重视。

在方晴点单时，我就开始了自己的倾诉："上周您的建议对我特别有帮助。周一我带着大家开了会，效果还不错，能感觉到已经向着正确的方向迈出了一大步。但后面工作起来，似乎又回到原样了。我有时会想一想，此时此刻我应该戴上哪顶帽子？是不是应该当老师或教练，不要自己干了？但一忙起来，这个想法就一闪而过，被我抛在脑后了。"

"谢谢你的坦诚。"方晴回应我，"我特别能理解你说的那种感受，这太正常了。说实话，如果你今天跟我说这周有特别大的变化和进展，我反而有点担心你是在为了我的面子而夸大辅导的成果。"

"方老师，听你这么说，我就没压力了。不然我也会担心，进步太慢，是不是对不起你的时间。"我说。

方晴拿出一张纸，画了一个螺旋和一个小人（见图2-1）。

图 2-1　螺旋式成长

她指着图片给我讲解："不管是在管理领域，还是在其他习惯建立的过程中，我们的成长都是螺旋式的。你听到了一个新知识、受到了一点新启发，常常会很兴奋，非常希望马上就采取行动，可是行动时又发现得不到自己想要的结果，于是有点沮丧，又会退回来一点。但你不会完全退回原地，你还是比原来稍微进步了一点点。接下来，只要你愿意再尝试，就又往前走了一步，当然，你还会再退回一点。这就是我们成长的路径。所以，不用担心，我有足够的耐心陪伴你一起完成这个过程，也希望你对自己能耐心一点。"

"嗯，好的。"我点了点头。

▍时间管理的紧急重要矩阵 ▶▶▶▶▶▶▶▶▶▶▶▶▶▶▶▶▶▶▶▶▶

"那这周咱们从哪儿开始呢？"方晴问。

我把打印好的作业表格递过去："就聊聊这个吧。我想探索一下，我是不是有可能不那么忙。"

"好的。"方晴接过那张纸，快速浏览了一下，又递回给我，"有没有兴趣试一个关于时间管理的小练习？我猜这个工具你已经听说过很多次了，但真正去做一下，还是可以感受到它的价值的。"

"是紧急重要矩阵？"我心头第一时间浮出这个名词，的确是个很老套的工具。

"没错。"

"行，那就试试。"

方晴摊开一张纸，画了一个十字，在每条线的一端分别标上

"重要"和"紧急"，然后开始讲解："我们常常说时间管理，但是一天只有 24 小时，再怎么管也不可能变成 25 小时。所以，<u>时间管理的本质是任务管理。也就是在面对一堆任务时，我们要决策先做哪些，再做哪些。</u>对于管理者而言，还要决策自己做哪些、交给别人做哪些。而这些决策背后的依据，都离不开这个矩阵。我来考考你吧，怎么判断任务是否紧急呢？"（见图 2-2）

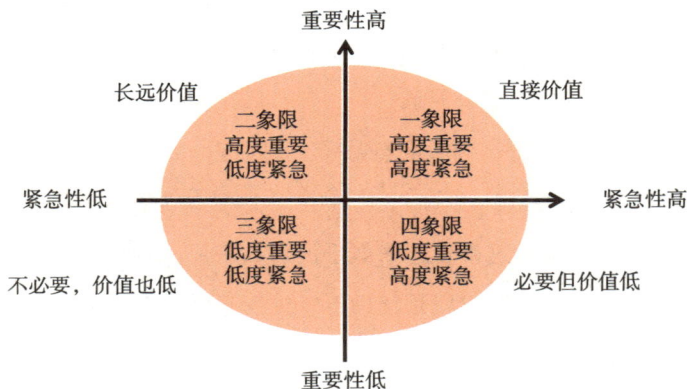

图 2-2　紧急重要矩阵

"马上就要发生的事，就是紧急任务。"我回答。

"好的，那你这张表里，提到了要面试实习生，要检查下属的分析报告，这些属于紧急任务吗？"方晴问。

"应该算吧。"我心里有点不太确定，这么老掉牙的工具，我听过很多次了，但似乎还真没好好琢磨过。

"如果是这样的话，看起来你这一天都是做紧急的事儿了？"方晴问。

"嗯……不是吗？我还真没想过这个问题。"我坦诚地说。

"其实，判断是否紧急有一个非常重要的标准，叫作是否在计划中。如果你计划好了今天面试、今天开会、今天检查下属的工作，那么，这些任务按时发生，就不算紧急。"方晴给出了答案。

"理解了，那老板突然找我去接待合作伙伴，或是视频平台上突然出现了违规，这些都是突发的，就算紧急了，对吧？"

"没错，还可以补充一个判断标准，如果你的工作是在计划中的，但在时限上有截止日期，或者在流程上必须交给下一个人了，那这也算紧急。"方晴补充道。

"明白了。那怎么判断重要呢？"我问道。

"判断是否重要，要看这件工作跟你的目标是否高度相关。举个例子，拿快递，这事看起来似乎没那么重要，对吧？但如果你是一个秘书，工作职责就是帮助上级处理日常事务，那么，去拿上级的快递也就很重要了。"

"我理解了，然后呢？"我还是没有体会到这个工具有什么价值。

"那你就试着来归归类吧，看看你这一天的事都可以放在哪些象限。"

经过与方晴的讨论，我把一天的任务归在了不同的象限中（见表 2-2）。

表 2-2　任务分类

二象限　高度重要，低度紧急	一象限　高度重要，高度紧急
• 面试人力资源部为我约的实习生 • 回邮件 • 写一份品牌宣传的视频脚本	• 帮上级接待临时到访的合作伙伴 • 检查佩佩做的数据分析报告 • 发现佩佩的报告不合格，但今天就得提交，接手过来自己做 • 发现在某短视频平台上的产品宣传视频因为违规被屏蔽，但不知道问题出在哪儿了，跟下属一起找问题
三象限　低度重要，低度紧急	四象限　低度重要，高度紧急
	• 参加某产品线组织的购物节营销活动头脑风暴会议

▋ 用矩阵优化时间与任务安排 ▸▸▸▸▸▸▸▸▸▸▸▸▸▸▸▸▸▸▸

方晴把表格转向我，指着四象限，说："咱们就先从这个任务开始讨论吧。为什么你判断它不重要但紧急呢？"

我回答："这个头脑风暴会议是个突发事件，没排在日程上。午饭时碰到了那个产品线的总监，我们以前一直有合作。他知道我点子比较多，说下午要开一个头脑风暴会议，邀请我参加，我就去了。"

方晴追问："那这个会议跟你的工作职责关联性强吗？"

我说："购物节活动方案确定后，落地时肯定是需要我们部门配合执行的，算有关联吧。但现在是在创意策划期，不算我们的职责，我就是去参与一下，帮个忙。所以算低度重要，高度紧急。"

方晴追问:"那既然不算重要,为什么要去呢?"

我挠了挠头:"哎,我跟产品总监很熟,人家邀请也是信任我,我怎么好意思拒绝呢?"

方晴又问:"如果不拒绝,是不是有可能派自己的下属去参加呢?"

我回答:"那不太好吧,人家本来邀请的是我。"

方晴再问:"不太好是体现在哪儿呢?如果你让自己的下属去,会有什么不好的影响吗?"

我愣了一下:"是啊,应该也不会有什么不好的影响。而且,我们部门的范雨也有很丰富的营销活动策划经验,让她去肯定也能贡献一些好想法。而且,对她来说,也是个更了解业务和产品的机会……"

方晴笑了,又追问了一句:"那你当时为什么没想起来让范雨去呢?"

我被启发到了,回答说:"就是有种舍我其谁的感觉吧。总觉得人家看重我,让我特别有存在感和价值感。"

方晴朝我竖起了大拇指:"没错,很多管理者都会把四象限的事误判成一象限,当时觉得很重要,只能自己来。这种误判背后常常是有自己的限制性信念的。你现在已经看到了这一点,以后会怎么调整呢?"

我回答:"授权!让别人去干。"

"很好,这是今天的第一个重要觉察。四象限的事需要授权给别人。"方晴又把笔点在了一象限,"咱们再来看看这些事。你为什么会选择那天检查佩佩的报告呢？"

我说："因为那天就是截止日期，要提交给合作部门了。"

方晴问："那有没有想过，如果检查完有问题，改起来时间就会很紧张？"

我有点不好意思："其实也不是没想过，但前面几天的确也没时间，而且我觉得自己交代得挺清楚，没想到佩佩做出来的报告完全达不到要求。"

方晴再问："那想象一下，如果你提前一天检查了，会发生什么呢？"

我说："如果提前一天，我可能还是接过来自己干。但你现在这么问我，我冷静地想一想，时间还来得及，应该还可以再让佩佩继续修改一下。"

方晴说："这样你的任务就少了一样，对吧？"

我点点头。

方晴又说："如果咱们再往前追溯一下，你在交代任务时，是不是还可以做点什么，能让佩佩理解得更清楚？"

我想了想，当时的确跟佩佩说得不够清楚。她挺聪明伶俐，我以为她能理解，现在看来，是我错误估计了她的能力。"我可以再把背景和需求讲得详细一些，也可以给她搭一个框架做参考。"我回答。

"特别好，"方晴说，"那我们来总结一下，提前一天检查报告，或是在交代任务时多花十几分钟说清楚，这些任务属于哪个象限？"

"应该是二象限吧？"我回答。

"没错，是二象限，这些任务对你来说是重要的，但不紧急。你发现了吗？二象限的任务有一个特点，当你多做二象限的事时，一象限的事就会变少。"

"嗯，是的。如果我提前检查，就不会出现临时收拾残局的事了。"我说。

"对，但是二象限还有一个特点，就是需要我们主动去做、主动去找。而且，因为不够紧急，我们就容易拖延。"方晴补充道。

"嗯，我明白了。没有主动去做二象限的事，结果一象限的事就越来越多，每天就一直在救火中，盲目地忙碌，被事情推着走，还觉得特别累。"我一下子感知到了这个紧急重要矩阵的价值。

"是的，管理者特别需要去找自己的二象限。每当一个救火事件发生时，在救完火之后就可以想一想，我可以做些什么来避免再次遇到这样的危机。还是以你的事为例，你发现某段产品宣传视频因为违规被屏蔽，于是跟下属一起想办法解决。这件事做完之后，你再想想，接下来可以做些什么呢？"方晴又抛出了一个新的问题。

"嗯，我想想，"我沉吟了一下，"我可以安排一个时间，跟伙伴们一起收集总结不同平台的规则，然后组织大家一起学习，还可以找同行请教一下，就可以尽量避免这样的事再发生了。"

"没错，这些事就是管理者应该去规划的二象限的事。这些事很重要，但因为不紧急，就总被我们拖延。我们需要有意识地每天为自己留出一些时间，专门去做二象限的事。"方晴说。

"我懂了。"我点点头。

"特别好，那咱们来总结一下吧，你找到了哪些可以提升效率的方式？"

"第一，紧急不重要的事，要学会授权，放弃那些舍我其谁的个人英雄主义想法。第二，不管多忙，我每天都要想想，今天我做二象限的事了吗？这样才能跳出一直忙的恶性循环。"我总结道。

"总结得非常到位。我还想再小小地挑战你一下，你的二象限里原本有一个写视频脚本的任务，这个任务有可能分配给部门其他伙伴吗？"方晴问。

"这个肯定不行，"我毫不犹豫地回答，"我们部门只有两个人能独立写视频脚本，一个是我，另一个是大木。现在大木手头已经有一个任务了，这个只能我自己来了。"

"那这个任务你放在二象限，说明它不太紧急。究竟有多不紧急呢？"方晴问。

"按照拍摄计划，估计要一周以后才能用到。但我想提前写出来，你看，我这算不算提前规划二象限的事？"我已经开始现学现用了。

"当然是。我尝试提一个可能性啊，既然还有一周的时间，是不是可以交代给一个成熟度还不够的伙伴，让他做做试试看？可以看看他能力还欠缺多少，你再加以辅导，帮他掌握这项能力。这样的话，未来你们就有三个人可以独立写视频脚本了。"

"我觉得剩下的几个人都差得挺多啊，让他们写，回头还是我改，太耽误时间了。"我否定了方晴的这个建议。

■ 角色是一种有意识的选择▸▸▸▸▸▸▸▸▸▸▸▸▸▸▸▸▸▸▸▸▸▸▸

面对我的否定，方晴沉吟了一下，然后问："还记得上周我们遗留了一个话题吗？如果你一直在做具体的任务，就需要反思一下，是不是过多承担了业务骨干的角色，是不是有些时候可以戴上'教练'和'老师'这些帽子？那你觉得，什么时候需要自己冲上去干？什么时候需要教下属呢？"

"哦，我有点明白您的意思了。"我回答，"如果任务急，那我就应该戴上'业务骨干'这顶帽子；但如果没那么急，我就可以试着戴上'教练'和'老师'这些帽子，去教下属干。"

"是的。选择戴上哪一顶帽子，是一种有意识的选择。"方晴说，"作为管理者，在遇到每一次需要我们去处理的客观事件时，第一反应下的管理动作不见得是最优的选择。一定要停下来思考：这个时候，我应该选择扮演哪个角色？我承担了对员工、对团队的什么责任？我们谈角色认知，并不仅仅是让你了解管理者有哪几种角色，更重要的是，意识到在不同的场景下，我们要做出有意识的选择。"

我闭上眼睛想象了一下这个画面，突然来了一个任务，我马上就要撸袖子自己干了，但我还是先停了下来，我问自己，此时此刻我应该戴上哪顶帽子？在想象中，我理解了方晴的意思。但是，我的脑海里又闪过教下属的画面，内心涌起一些烦躁的情绪。"哎，道理我懂了，但是这样太耽误时间了，自己干只需要半天，连教带改可能要花两天，没准最后还得自己接过来干。"

"是这样的，我特别理解。我在做新经理时，跟你的想法完全一样。而且，我那时候也特别享受自己做专业工作的过程，我总觉得这样才让我有价值感，授权给别人总让我有种在偷懒的感觉。"方晴说，"后来我才意识到，如果一直这样下去，我的部门成员就没办法成长，这些活就会永远砸在我的手上。我也会成为我们部门的能力天花板。"

"你说的有道理。花时间去戴上'老师'这顶帽子，教下属做事，这个应该也算二象限的事，需要我主动去找，主动去做。"我又获得了一些新的感悟。

"没错，其中是你对短期绩效和长期绩效的权衡。把一些任务交给成熟度还不够的下属时，看起来是放弃了短期绩效或效率，但实际上是为长期绩效和团队能力在打基础。"方晴继续总结道。

"懂了，这就是人们常常说的'慢即是快'吧。"我脑海里突然蹦出了这句话。

"总结准确，到位！"方晴又竖起了大拇指，"哦，还是要补充一句，在交代任务时，评估下属的成熟度也很重要，差得太多也不行，最好是那种跳一跳能够到的，这样下属也有信心和成就感。"

"明白，如果下属的能力距离任务要求太远，我会教得很费劲，他们也会有挫败感。"我回应道。

"是的！那今天是不是可以在这里结束了？说一说你下周准备做点什么吧。"方晴问。

"我想想啊，"我思考了一下，慢慢说出了下周一定要做的几件事，"第一，认真思考作为管理者，我的二象限里都有哪些事；第二，教佩佩写报告，这样下次就不用我去救火填坑了；第三，观察一下我们部门的小伙伴，看看谁更有潜质去承担写脚本的工作，试着授权和辅导他。"

"很好。"方晴对我的计划表示认可。然后，她又给了我一些关于如何有效教导下属的具体建议。

一小时很快就过去了，我梳理了一下今天的收获，感觉又一层窗户纸被捅开了。我想起很久之前听过一句话："做正确的事，比正确地做事更重要。"今天的对话让我更深切地理解了这句话的含义。我跟方晴说了我的感受，她回答我："是的，这句话是我非常尊敬的管理学大师彼得·德鲁克在《卓有成效的管理者》这本书中提到的观点。下周你想聊聊什么话题呢？"

"有一个问题我还没搞明白。您上次提到管理者有四顶帽子，其中有两顶都关注人的成长，一个是'老师'，另一个是'教练'。刚刚您给了一些如何当老师的建议，那怎么才能当好教练呢？还有，我如何判断什么时候应该当老师，什么时候应该当教练呢？"我一下子问出了两个问题。

"这些问题，即使你不提，我也会建议放在某一周做个讨论，因为它们非常重要。要不你这周先自己思考和体会一下，看看有没有大致的原则或标准。这个就作为这周的作业了。"

"好的，就这么愉快地决定了。"我说。

面谈后的行动

周一晨会之后，我把佩佩留了下来，准备跟她说说上周数据分析报告的事儿。

在约她沟通前，我也认真分析了辅导的方向和策略。佩佩是HR 帮我招聘的新同事，现在负责辅助我做媒介投放的工作。她之前在某短视频平台工作，对短视频平台的运营逻辑非常了解，这些经验可以应用在投放工作中，也恰好可以补充团队同事的经验短板。另外，她的逻辑分析能力和问题解决能力都不错，虽然她对甲方的投放工作没什么经验，但我觉得她是个值得培养的好苗子。

这次交代给她的任务，是写上一周的投放数据分析报告，这份报告是要给产品部门同事看的。她的报告乍一看逻辑清晰，呈现也很美观，却没有提供真正有价值的信息。我发现，她的核心问题在于缺乏甲方工作经验，不太清楚产品部门的关注点是什么。她只是呈现了数据，但没有站在产品部门的角度去分析这些数据说明了什么，未来可以怎么改进。

我跟佩佩解释了一下上周的情况："上周四那份报告要得很急，所以我就拿过来自己写了。我想了一下，是我在给你交代任务时，没有说清楚我的要求，这次报告质量不达标，我要承担一大半责任。"

佩佩赶紧摆摆手："磊哥，可别这么说，我都不好意思了。"

我接着说："以后这个工作还是由你负责，今天我就来跟你具体讲一下如何写数据分析报告。"

我把上周自己改过的报告投屏出来，给佩佩详细拆解了报告的逻辑，让她了解为什么要呈现这些数据，站在产品品类负责人的角度，他们更关注什么、希望看到什么。

佩佩很聪明，她提出了一些问题来检验自己的理解。看得出她已经理解了我传递的信息。讲解完，我们约定这周的报告提前一天核查，这样就给修改留出了时间。

周三下午，佩佩在约定时间把报告发到了我的邮箱。我浏览了一下，只需要修改几个小细节。我快速将修改意见反馈给佩佩，周四一早，我拿到了一份合格的报告。

嗯，我没有看错人，孺子可教，我很是欣慰。

一 紧急重要矩阵

○ 如何判断任务是否紧急？

看计划：是否在计划之中？

看时限：是否必须在某个时间点前完成？

看流程：是否为下一个任务的前置条件？流程上是否马上要交给下一个人？

○ 如何判断任务是否重要？

看部门或上级的目标：与这些目标是否相关？

看自己的目标：对自己的目标完成是否有重要价值？

二 管理者的时间与任务管理

○ 一象限：紧急重要，马上去做

○ 二象限：重要但不紧急，需要提前识别，主动去找，主动去做

○ 三象限：不重要不紧急，尽量不做；如果需要做，也尽量授权

○ 四象限：不重要但紧急，授权给适合的下属去做

表 2-3 总结了管理者的二象限中都包含哪些事。

表 2-3　二象限里的那些事儿

帽子	二象限：重要但不紧急的事
经理	• 下达任务时明确讲述要求，检核下属理解 • 提前跟进工作质量和进度 • 绩效评估面谈 ……
领导	• 就部门愿景与下属形成共识 • 讨论部门定位与价值 • 帮助团队成员建立信任 ……
老师	• 将任务授权给不完全成熟的下属，为他们创造成长空间
教练	• 辅导下属 • 了解下属的需求，为他们进行职业发展规划 ……

划重点： 管理者应该花时间去思考自己的二象限里有哪些事，然后主动安排时间去做。这样才能让自己从"盲目地忙"中解脱出来。

四　如何戴好"老师"这顶帽子

有效的教需要包含四个步骤：

1. 示范：为下属呈现参考模板或行动示范。

2. 讲解：讲解是什么、为什么。

3. 练习：让下属自己去干。

4. 反馈：对下属的工作成果进行及时反馈，给予他调整的机会。

划重点： 很多管理者会认为认真讲解就完成了教的过程，实际上，有效的教需要包含上述四个步骤。只有走完这四个步骤，才能真正取得效果。在上述四个步骤中，讲解和示范的先后顺序可以调换，也可以同时发生。

学以致用

请你用以下问题来帮助自己审视现状，找到行动的方向。

1. 回想最近一周的工作，你在哪个象限花的时间最多？有什么可以调整的地方吗？

2. 面向未来一个月，你希望把哪些事主动放在二象限？

3. 你准备每天花多长时间去做二象限的事？放在哪些时间做？如何保证自己不拖延？

4. 哪些事情本来是由你自己去做的，现在发现可以放在四象限，可以授权给别人做？你准备授权给谁？

5. 被授权的对象是否已经完全具备完成这项任务的能力？如果暂时不具备，你准备如何戴好"老师"这顶帽子去辅导他？

03
学会提问

> 培养觉察和责任感是教练的本质，并促使自然学习能力的激发。
>
> ——约翰·惠特默，《高绩效教练》

这一周，我尝试在时间管理上做了一些优化。面对每天扑面而来的任务，我按照方晴的建议，深吸一口气，并不急着一头扎进去干起来，而是停下来想一想：这项任务应该归入哪个象限；是必须自己干，还是可以授权给团队的小伙伴？

一周下来，虽然这些做法并没有让我从加班中彻底解脱出来，但的确让我渐渐找到了一些头绪。我依然很忙，但不再盲目地忙。

同时，我也在尝试戴上"老师"这顶帽子，给团队伙伴们进行详细讲解和示范。

周四，我和范雨一起去给业务部门讲解我们做的营销活动方案，方案的主笔是范雨。我本想自己讲，犹豫了一下还是决定让她来讲，我来补充。我希望通过这种方式给她创造一些成就感。

范雨讲得还不错，可以给到 70 分吧，但有几个关键点没有讲清楚，我都记了下来。等会议结束，我留下范雨，把范雨表现不够好的地方都说了一遍，叮嘱她下次跟业务部门沟通时一定要注意。我心里本来是有点得意的，感觉自己这次戴好了"老师"这顶帽子，没有冲上去自己干。可是，范雨的表情似乎有那么点不耐烦。问题出在哪儿呢？是我太敏感了吗？

面谈

周日下午，是方晴的第三次辅导。

中午吃饭时，我才突然想起还没有做她留的作业。我翻出上周的笔记，发现作业是思考何时应该做老师，何时应该做教练。我脑海里划过范雨不耐烦的表情，也许，那个时候我应该做"教练"？我准备下午跟方晴探讨一下这个发现。

什么是教练 ▶▶▶▶▶▶▶▶▶▶▶▶▶▶▶▶▶▶▶▶▶▶▶▶▶▶

这次见面约在方晴家附近的一家咖啡馆。我到的时候她已经在了，她一边给我倒水，一边问我："这周感觉如何？"

"还是很忙，但我开始有意识地去区分这些工作究竟在哪个象限了。"我回答。

"挺好。那这周你碰到什么难题了吗？想聊聊什么话题呢？"方晴问。

"就聊聊上周结束时提起的话题吧。什么时候应该做教练？怎样才能做好教练呢？"我一边说一边摊开了自己的笔记本。

"好的。那可以先说说你目前对教练的理解是什么吗？"方晴没有急着回答我的问题。

我想了想，回答道："以我现在的理解，教练和老师都是帮助下属成长的角色，但老师主要是讲解知识，教练是靠提问来引导思考。可是，提问怎样才能发挥作用呢？我还没想清楚。"

方晴笑着说："别急，我也曾经有跟你一样的疑问，甚至也很怀疑这种做法的价值。我们先花点时间了解一下商业界教练这个职业的由来，可以吗？"

我点点头。于是，方晴开始了一小段讲述。

在 20 世纪 70 年代，哈佛大学网球队队长提摩西·加尔韦发现这样一种现象：当他不停去纠正球员的动作，告诉他应该怎样做、不要怎样做时，说得越多，球员的表现反而会越差。后来，他意识到球员在场上的对手是他们内心的障碍，而不是球场另一端的竞争对手。一再地告知与指令，会让球员产生自我怀疑，失去信心，动作就会变形。

于是，他调整了教授网球的方式。他不再下指令，而是问一系列关键性的问题：

你想要球往哪儿去？

拿着球拍时，你感觉舒服吗？

球的路径如何？速度有多快？

如果球拍对着你要去的方向，球会往哪里跑？

经过一段时间的实践，这种用提问取代指令的方式取得了不错的效果。

于是，提摩西·加尔韦将这些方法与原则写在畅销书《身心合一的奇迹力量》中，并一举成名。后来，英国的约翰·惠特默博士开始在商业界应用这些方法，他带领自己的团队总结出高绩效教练的流程框架，这套理论更适合企业内的管理者。绩效教练的核心原则是"自我导向学习"，也就是激发被教练对象的自我觉察，强化他们的责任心与主动性，从"领导要我干"转变为"这是我自己想要的，我要干好它"。

讲到这儿，方晴指着桌子上的一个卡包，问："你看到这个包的品牌了吗？叫作 COACH，和教练的英文一样。COACH 的标志是一驾马车，在英文里，这个词的另一个意思就是马车。那么，当人们乘坐马车时，是谁来决定目的地呢？"

"是马车夫？"我脱口而出，又觉得不对，"哦，不不，应该是乘客。"

"对，是乘客。所以，'coach'的作用，就是帮助乘客去往他想去的目的地。而当你戴上'教练'的帽子时，就是要帮助你的下属实现他的目标。提问只是教练的外在表现，更重要的是，作为教练，我们相信下属是有能力发现和实现自己的目标的。而我们要做的，是帮助他发现如何前往目的地。"

▌什么时候要戴上"教练"这顶帽子 ▶▶▶▶▶▶▶▶▶▶▶▶▶▶▶▶▶

听完方晴的话，我若有所悟，但还是有疑问："可是，下属并不一定都有能力去发现目标啊。"

方晴点点头:"是的,所以,回到你的问题,什么时候应该做老师,什么时候应该做教练?有答案了吗?"

"哦!"我懂了,"当下属能力不够强时,我们应该做老师,发挥指导、告知的作用。如果下属能力足够强,那我们就可以做教练,让他自己去定目标、找方案。"

"没错。除了从下属的角度来判断,我们也可以从任务的角度来考量。你想一想,什么样的任务适合当老师?什么样的任务适合当教练?"方晴又问。

"如果一个任务有标准化的步骤,能够一步步讲解清楚,那可以做老师。"我边想边说,"如果一个任务太复杂了,需要探索和创新,根本讲不明白,就得试试教练的方式了。"

"特别好,你概括得非常准确。"方晴说,"戴上'教练'这顶帽子之前,可以试着用上述标准去判断一下。但是,这也仅仅是一个参考原则,因为很多时候,你可以在教练和老师两个角色之间切换。甚至于,你可以把它理解成一张渐变的光谱,这一端是老师,另一端是教练,在一段对话中,你的角色未必完全属于某一端,也可以在中间的灰度地带。"

我点点头:"是的,我观察到你跟我的对话也是这样的,有时提问,有时讲解。"

"没错,彼得·德鲁克说过一句话:'我把管理视为一门真正的博雅之学。'英文是 truly liberal art。你看,管理有艺术的成分,无法用绝对答案去概括,需要我们在管理实践中去感知与体会。"方晴总结道。

我想起了上周范雨那个不耐烦的表情，于是跟方晴讲了这段故事，然后又提出了我的疑问："那个时候，我是不是应该做教练？您觉得问题出在哪儿呢？"

"我刚刚当经理时，跟你有过一样的经历呢。"方晴回应道，"有一次，我的一位下属去讲了一堂管理课。对于他而言，那是一个很有挑战性的任务。他也基本做到了 70 分。我也是一个对专业性有着严格要求的上级，我在旁听时记下了他的好多条问题，在课程结束后，一条一条地反馈给他。当时，我觉得自己做得没问题，时间那么赶，赶紧说完，我还有其他工作要做呢。现在回想起来，他刚刚完成一个这么有挑战的任务，应该会很期待一个认可吧。"

"是的，"我代入范雨的角色想了想，"如果我是范雨，讲完之后觉得自己还不错，结果被老板劈头盖脸挑了一堆问题，我也会觉得很不爽。即使老板说的没错，我也会挺不愿意接受的。"

方晴又提出了一个问题："那你觉得，你说的那些问题，范雨自己知道吗？或者说，如果你让她自己反思一下，她能发现可改进之处吗？"

我沉吟了一下："应该是可以的，至少可以说出一部分，她在我们团队中属于业务能力最强的。"聊到这儿，我完全理解了她那份不耐烦的表情背后的信号。

"那如果回到那天，你会怎么做呢？"方晴再问。

"我会先表示肯定，说今天整体讲得还不错，然后再问她：你自己感觉如何，你觉得有哪些可以改进的地方？"

"特别好，"方晴说，"然后呢，在她说了可改进之处以后呢？"

"我可以再问她准备怎么调整方案，什么时候可以给我。"我回答。

"没错。如果她自己找到了改进方向，对你们的价值是什么？"方晴接着问。

"她应该会更愿意把这个事做好，也会更有责任感、价值感吧。"我说。

"没错，这就是教练的价值所在。在《高绩效教练》这本书中，作者惠特默提到教练的本质就是培养觉察和责任感。你刚刚提出的那些问题都是很好的教练问题。怎么样，做教练其实也没那么难吧？"方晴笑着说。

"我觉得还是挺难的，因为我着急，我会忍不住想一股脑把自己想的都说出来。"我回答。

"是的，教练是需要内外兼修的。提问的艺术是外在技巧的修炼；作为教练型管理者，内在修炼其实更难。我们需要相信下属有能力、有潜力，这样才能按捺住自己直接给答案的冲动，多倾听他的想法。"接下来，方晴跟我探讨了在管理中做好一个教练的三步走策略。

▍做好教练型管理者的三步走策略 ▶▶▶▶▶▶▶▶▶▶▶▶▶▶▶

第一步，在深层次信念层面做一些调整。

我们所秉持的内在信念会影响我们的外在行为。

假如我们的信念是——

他不行，他有问题，我比他厉害，我知道问题的解决方法。

那我们的行为就会是——

单向指令、提出明确要求、直接给出条条框框。

在时间紧、任务重的情况下，这种方式可能是更高效的。但如果管理者只会用这种方式，就会让下属渐渐失去主动性和责任心。

假如我认为管理者就应该是"知道所有答案的人"，那么，我需要放下这个包袱，接受"下属可能在某些方面比我更能干、更专业"。

假如某一个下属总不能让我满意，我觉得"他是一个有问题的下属"，那不妨换一个表述方式，告诉自己"他是一个暂时遇到了问题的下属"。

第二步，保持觉察，稳住自己。

在那些马上就要把质疑、指令、说教倾倒出来的时刻，深呼吸，按下这个冲动。

比如说，我要交代给下属一个任务，心里反复推演，已经想好了一二三四五步分别怎么做，我们会想说："来，拿支笔，记下来以下你要做的事。"别急，先稳住。

再比如，一个项目进度滞后了，我们听完汇报，忍不住就要质疑："怎么回事，为什么又滞后了？"别急，先稳住。

第三步，在不同的场景中练习提出好问题。

例如，在复盘下属某个任务的表现时，先别把自己的观察全部说出来，而是问下属：

- 你自己如何评价在这次任务中的表现？
- 有哪些做得好的地方？从这些地方中可以总结出什么经验？
- 你觉得有哪些可以改进的地方？
- 你觉得这个点没到位的原因是什么？
- 如果再来一次，有什么可以弥补不足的方法？

在布置任务时，即使心中已经想好了详细步骤，也可以先问下属：

- 对于这个任务，你有什么想法吗？
- 你准备怎么干？
- 第一步先做什么？然后还有哪些重要的步骤和时间节点？
- 有哪些可能的风险？如何预防风险出现？
- 需要我给什么支持？

在进度滞后时，问下属：

- 是遇到了什么困难（挑战）影响了进度？
- 想要解决这个困难（挑战），我们可以做些什么？
- 我们可以从哪些人那里寻求支持？
- 你是否看到过有哪位同事遇到过类似的问题？他是如何

处理的？你可以从他的经验中借鉴什么？

- 我们现在需要做些什么来追赶进度？

在探索一个新的方向时，问下属：

- 我们想实现的目标是什么？
- 我们现在有哪些资源？有哪些挑战？
- 我们可以从哪儿获得支持？
- 我们可以参考哪些人的做法？

......

　　一小时转眼就过去了，我对教练这个角色有了一些感知，准备下周就试试。

　　结束对话之前，方晴提醒我："教练是一门需要长期修炼的技艺，你今天只是体会到了它的价值，也掌握了在一些典型管理场景中的提问方式，但是，想要戴好'教练'这顶帽子，还需要再多体会和练习。练习的过程中，会有一些你觉得做作或别扭的时刻，别急，慢慢来。另外，今天的时间有限，只能讲一些要点，推荐你去看看约翰·惠特默的《高绩效教练》这本书，可以让你对教练有更系统的认知。"

我点头称是。但那一刻，我并没有把方晴的话放在心上，我觉得自己已经获得了一本武功秘籍，可以去大展拳脚了。

面谈后的行动

接下来，是高开低走的一周。

周一，我摩拳擦掌地想去"教练"一把。晨会结束后，我留下大木和佩佩讨论一个新方案。我提前预习了小本上的那些教练问题，准备把问题一个个抛出去。

"关于这个项目，你们有什么想法吗？你们觉得项目的目标是什么呢？"我问道。

没想到，大木和佩佩对视了一下，谁也没说话，气氛有点尴尬。

我看着他们俩，心里有点着急。不是说提问能激发下属的积极性吗？怎么都不吱声呢？

大木清了清嗓子，怯怯地说："我还没什么特别好的想法，要不晓磊哥你先说说你的规划？"

我叹了口气，把自己对这个项目的规划详细讲了一下。大木和佩佩迅速进入了之前的状态，拿个本子唰唰地记录，然后等着我进一步分工。我也把教练的事儿抛到了脑后，一边分工一边内心感慨："还是这样最省事，简单直接，行之有效。"

周二，我又跟范雨试了一下提问的方式。结果，我自己都觉得挺做作，范雨脸上的表情也很复杂，似乎有点不耐烦，还有点戏谑，她说："晓磊，你有什么想法就直接告诉我呗，都快把我问蒙了。"

周三，我彻底回归原来的沟通风格。什么教练，太别扭了，你们谁爱用谁用吧。

周四晚上我下班还算早，约艾米一起去吃了顿晚餐。自从当了经理，这似乎是我们第一次正经约会。吃饭时，艾米问起方晴和我辅导的进展，我就跟她讲起了这周遭遇的尴尬状况。

艾米听完我的吐槽，乐了。她说："我有个同事也是这样的，他去上了一个四天的教练课，回来以后逮到谁都想教练一下，我们都觉得他不会好好说话了。这种感觉可以用一句话来形容——手里有个锤子，看谁都像个钉子。"

我有点不想承认，但心里知道，艾米说的没错。我就是手里拿着锤子，到处都想锤一下试试。

艾米又说："其实，你现在是只学会了剑招，没学会剑意。不过，你才跟方晴聊了一小时，剑招可能都没怎么学明白。你还是回去再看看方晴推荐的那本书吧。"

剑招和剑意这个比喻倒是很形象。我和艾米都喜欢看金庸的小说，听到她这么说，我想起了《倚天屠龙记》里的一个场景。

张三丰有一次教张无忌太极剑法，他先示范了一遍，然后问张无忌："孩儿，你看清楚了没有？"

张无忌说："看清楚了。"

张三丰又问："都记得了没有？"

张无忌回答："已忘记了一小半。"

张三丰让张无忌再自己去想想。过了一会儿，张三丰再问："现在怎么样了？"

张无忌说："已经忘记了一大半。"

最后，张无忌说自己全忘了。张三丰表示非常满意，就让张无忌去挑战八臂神剑方东白了。

为什么要边学边忘呢？原来张三丰传的就是剑意，而不是剑招。忘了剑招，留下剑意，真正面对敌人时才能以意驭剑、千变万化、无穷无尽。剑招忘不干净，反而会受到干扰。

我对艾米竖起大拇指："可以啊，这个比喻不错。我悟了，我提问前还拿着笔记本温习了一下问题，这就是被剑招给干扰了。我再去悟一悟剑意。"

一 教练怎样做才有效?

管理者做好教练的前提条件:

1. 管理者本身需要真诚,并与下属之间建立充分的信任。

2. 管理者相信下属是有潜力、有能力去解决问题的。

3. 从任务和下属状态来判断,当下的场景是适合教练的。

二 哪些场景适合做老师? 哪些场景适合做教练?

从任务和下属两角度来判断(见表 3-1):

表 3-1 "老师"和"教练"适用情况

	任务	下属
适合做老师	• 步骤少、能够讲解清楚 • 有标准流程,不需要创新 • 紧急程度高	• 意愿高,听得进去 • 与此项任务相关工作经验较少
适合做教练	• 步骤多、复杂 • 没有标准流程、需要探索或创新 • 紧急程度不高	• 学习能力较强 • 与此项任务相关工作经验较多 • 愿意主动思考

面临一个复杂问题或挑战，管理者希望用教练的方式与下属一起探索时，可以尝试用 GROW[1] 的框架进行提问。

G（goal）：建立目标

通过提问，与下属共同厘清当前任务的方向与目标。

○ 针对这个任务，你的目标是什么？

○ 我想确认一下，这是你的长期目标、中期目标还是短期目标？

○ 如果这是一个长期目标，你的中期目标是什么？

○ 如果这是一个短期目标，你打算先从哪项任务入手？

○ 这个目标实现的可能性如何？

R（reality）：厘清现状

帮助下属系统性、全面性思考和整理，以看清事实，看到之前的盲区。

○ 现在有哪些困难和障碍？

○ 为了排除这些障碍，你采取了哪些行动？

○ 这些行动的效果如何？哪些有效，哪些无效？原因是什么？

○ 引发这个问题的主观原因是什么？客观原因是什么？

---

① GROW 模型是在商业界被广泛应用的教练模型，出自《高绩效教练》一书，作者是约翰·惠特默博士。这本书被誉为"教练领域的圣经"。

○ 经过这段讨论，你有何发现？

O（option）：寻求方案
通过提问，与下属共同探索可能的解决方案。

○ 要解决这个问题，你有哪些方法？
○ 如果你有更多的时间、更多的预算，你会做什么？
○ 你有没有观察过别人遇到类似问题时是如何处理的？
○ 我之前有过类似的经验，给你分享一下，你看是否有帮助……

在这个环节，可以根据下属成熟度，判断是多问还是可以给一些建议。给建议时，是把自己的想法作为对方的资源和参考，而不是强加给对方。

W（will）：达成决心
通过提问，增强下属的行动承诺，了解他的行动意愿，明确下一步行动计划。

○ 你准备何时展开行动？
○ 有哪些指标可以用来评估行动完成的情况？
○ 我们什么时候一起看看你的进展？
○ 你还需要什么支持？
○ 你现在对解决这个问题的信心度打几分呢？

学以致用

请你用以下问题来帮助自己审视现状，找到行动的方向。

1. 在过去辅导下属的过程中，你是"教"得多，还是"问"得多？

2. 能不能回想起一个场景，在那个场景中，你可以多用一些提问来激发下属的主动性？

3. 在未来的管理工作中，你是否打算尝试更多戴上"教练"这项帽子？如果是的话，你准备在哪些时刻应用"教练"这项帽子？

4. 为了戴好"教练"这项帽子，你还需要再做哪些准备工作？提升哪些能力？

04
赢得信任

◀◀◀ **不是一时之功** ▶▶▶

> 人们首先追随的是你这个人，然后才是你的工作计划。
>
> ——詹姆斯·M.库泽斯，
>
> 巴里·Z.波斯纳，《领导力》

周日和方晴见面之前，我对这周失败又尴尬的教练经历做了一些反思，我的确太看重"剑招"了。当信任还没有完全建立时，我执着于如何提问，只会让下属有"被套路"的感觉。

建立信任，应该从哪些方面入手呢？我准备这次跟方晴探讨一下这个问题。

面谈

周日下午，我跟方晴第四次见面。

北京的春天总是特别短暂，我们第一次见面还是初春，今天温度就已经逼近初夏的水平。方晴选了一家开在四合院里的茶馆，我们坐在小院里，微风轻拂，阳光正好。我点了一杯龙井，茶叶在透明的玻璃杯里被水浸泡后舒展开来，根根直立向上。那一刻，我觉得自己也舒展了几分，整个人都放松了。

方晴喝了一口茶，问我："怎么样？这个地方不错吧？"

我点了点头："太舒服了，几乎让我忘了下周还有一堆干不完的活。"

方晴笑了："我们需要偶尔从鸡零狗碎的生活与工作里抽离一下，让自己慢下来。这也算给自己充电的一种方式吧。"

"是的，我现在把每周跟您的沟通也当成充电的方式。"我说。

▮ 什么是信任 ▶▶▶▶▶▶▶▶▶▶▶▶▶▶▶▶▶▶▶▶▶▶▶▶▶▶▶▶▶▶▶▶▶

"这周想聊聊什么呢？"方晴开启了今天的辅导。

我把上周尝试教练下属的尴尬境遇讲了一下，然后提出了自己的疑问："我认为是信任关系还不够好，所以教练才会失败。您觉得我的反思对吗？如果想要发展我和下属的信任关系，可以从哪儿入手呢？"

方晴认真听完我的倾诉，先对我表示了肯定："你的反思非常到位，那咱们今天就来聊聊信任吧。你觉得什么是信任呢？"

我迟疑了一下："这个好难下定义啊，就是一种感觉，但不知道怎么去描述。"

方晴从包里拿出一本书，翻开贴了彩色便签的一页，说："我这周恰好在读《谦逊领导力》，里面有一段关于信任的描述，分享给你。"

我接过书，看到这么一段话："当我们说我们之间关系很好时，意味着我们对与对方的相处感受到某种程度的舒适，进一步而言，我们拥有一种共同的信心，知道我们都在向某个我们都同意或相互约定的目标前进。这种舒适感，我们通常称为信任……一段关系要建立，双方的期待要有一定程度的对等，如果我可以预期你的行为，而你不能预期我的行为，那我们之间的关系就还没有形成。"

我反复读了两遍，突然有了一些领悟："信任关系里有一个关键词，就是可预期。那天我用提问的方式跟下属沟通，对他们而言，这是一个非常意外且不可预期的行为，他们可能会在心里嘀咕：老板这是要干什么？是不是要套路我？所以，场面就会很尴尬。"

"很棒的发现。"方晴说，"那有什么解决方法吗？"

"长期来看，肯定还是要去建立深层次的信任关系。但短期来看，如果我想在目前信任关系的基础上去试试提问的方式，那可以做一些铺垫，不要让下属觉得太意外。"我边想边说。

"特别好，那怎么铺垫呢？"方晴问。

我想了想，回答道："我可以说，之前的项目都是我在主导，我直接给方案，我最近意识到这种方式会让自己成为团队的天花板，所以特别想听听大家的想法。如果这么解释之后再去提问，应该就不会显得那么突兀，也不会让大家觉得我在套路他们。"

"是的，而且你的这种铺垫也是你的真心话，是真诚的。"方晴补充道。

"嗯，真诚确实特别重要，如果我内心的想法是'我提问，只是想听听你们说什么，其实我早就有了决定，等你们说完我再给出我认为更高明的答案'，那就显得不够真诚，他们也是会感知得到的。"我说。

"特别棒的感悟！在专业教练的技巧里，有一条叫作<u>'请求许可'</u>，其实就是刚刚你讲到的这一点。管理者可以在教练对话前跟下属说：'今天我想尝试用一种不太一样的方式和你做一下沟通与探讨，你觉得可以吗？'这种表达也可以帮助下属做一些心理准备。"方晴说。

▍如何与下属建立信任 ▶▶▶▶▶▶▶▶▶▶▶▶▶▶▶▶▶▶

"针对单次教练对话，我已经找到了建立信任的方法。那长期来看呢，我应该如何和下属建立信任呢？"我提出了新的问题。

方晴在纸上写下了一个公式：

$$信任 = \frac{可信度 \times 可靠性 \times 亲密度}{自我利益导向}$$

"我非常同意你说的，信任是一种很难定义的感受。不过，麦肯锡咨询公司曾在培训教材中提炼出了信任公式，用来描述信任关系建立的底层逻辑。咱们一起来看看。"

在方晴的讲述中，我理清了这个公式的含义。

公式的分子中有三个要素，分别是可信度、可靠性和亲密度。

可信度指的是一个人的专业资质、能力、背景经验是否让人信服。

可靠性指的是一个人的靠谱程度，例如承诺的事是否能按时完成，这和他本身的能力无关，更多是态度的体现。

亲密度就是指彼此之间是否投缘，是否有较深的情感链接，亲密度高意味着愿意分享更多个人感受和经历，甚至是秘密。

这三个要素中每一个要素的增加，都会促进信任关系的加深。

公式的分母是自我利益导向，是指在一段关系中，我们是更关心自己的目标和利益，还是更关注对方或双方共同的目标与利益。如果只关心前者，分母就会变大，信任值就会降低。

听完介绍，我提出了自己的疑问："那分子上的三个要素都必须做到吗？"

"分享一下我的观点，"方晴回答，"这个公式提供了一个自我诊断的框架，可以帮助我们思考：假如我想提升信任值，我可以努力的方向是什么？但并不是要在所有要素上都一起使劲。就拿咱们俩举例吧，你觉得我是如何获得你的信任的？"

"首先是可信度，第一次见面，您就让我感知到了专业性，另外，您非常关注我的感受与我的目标，让我来选择主题，而不是用说教的方式。"我回答。

"是的。接下来的相处中，你又感受到了我是一个靠谱的人，对吧？"方晴笑着说，"但现在咱们的亲密度也并不算高。"

我点点头。

方晴接着说："作为一段辅导关系，我觉得亲密度并不是提升信任关系的重点。那换个场景，例如大客户销售，我发现有些销售顾问就很善于先从亲密度入手，先获得客户喜爱与认可，再去展示他的专业能力和解决方案，这也是一种有效的路径。所以，没有标准答案，每个人都可以在一段关系中找到适合自己的路径。那你能不能分析一下，在你和下属建立信任的过程中，可以从哪些要素去发力呢？"

我回忆了和下属们的互动，回答道："我跟范雨的信任关系最薄弱，我觉得我在可信度、亲密度上分值都不高。她在公司的工作年限比我还长两年，专业能力也很好。之前我们在不同部门工作，属于平级。我现在成了她的上级，她心里多少有点不服气。建立亲密度，对我们来说有点难，我是不是应该多展现点自己的专业能力，在可信度上去征服她？"

方晴没有回答我的问题，而是提了一个新问题："那范雨为什么会答应调到这个新组建的部门，成为你的下属呢？"

"张鹏，也就是我的上级，跟我说范雨对新媒体营销的工作有兴趣，所以想来，毕竟这也是新趋势。"我回答。

"这是张鹏的转述，那你问过她原因吗？你知道她想在这个部门获得什么价值吗？"方晴又问。

"这……"我挠了挠头，"我还真没问过。"

方晴指着纸上的公式说："如果你从来没试图了解过她的目标和需求，只关注了自己的目标，分母就会变大。这对你们的信任关系是会减分的。"

"我明白了。"我回答，"其实，佩佩、大木也一样，虽然他们基本认可我的可信度、可靠性，但我也没有试图去了解过他们的需求与目标。这是我马上就需要改善的地方。我下周就可以去找他们聊聊。"

方晴颔首表示认可。

▌展示脆弱是否可以赢得信任 ▶▶▶▶▶▶▶▶▶▶▶▶▶▶▶▶

我把信任公式抄在自己的本子上，脑海里突然又蹦出一个问题："方老师，我之前在一篇文章里看到一个说法，管理者应该适度展现自己的脆弱，坦承自己的错误，这样才能赢得下属的信任。您觉得这个说法有道理吗？"

"这是个很有趣的问题，得辩证地看。"方晴喝了一口茶，"首先，我基本支持这个观点。美国的一位心理学者布琳·布朗写过一本书，就叫《脆弱的力量》。她认为承认脆弱是一种勇气，领导者公开承认错误会带来积极的影响。奈飞的 CEO 里德·哈斯廷斯也分享过他和曾经的上级鲍尔默的故事。他在微软工作时，CEO 鲍尔默是个身材魁梧、大大咧咧的管理者，他对自己的错误从来都不加掩饰，反而还会跟下属说：'你看，我又把事情搞砸了。'里德觉得，这种坦然承认错误的方式反而让下属跟他更亲近，觉得他是个真诚又体贴的人。

"但是，这个观点也不是任何时候都适用的。社会心理学家阿伦森做过一个实验，他让参加实验的被试去听一些候选人参加面试的录音。其中两个候选人回答问题时表现得很好，另外两个却表现得不太好。随后，有一组被试听到了哐当一声，又听到表现好的候选人说'我怎么把咖啡都洒了'。另一组被试呢，也听到了哐当一声，但他们听到的是表现不好的候选人说自己洒了咖啡。

最后的统计结果很有趣，表现好的候选人洒了咖啡后，反而更受喜欢了；而表现不好的候选人洒完咖啡后，评价反而降低了。从这个结果里，你能得到什么启示？"

"一个人犯了错误并坦然承认后，得到信任或亲近感的可能性是否增加，取决于他整体表现出来的能力。"我尝试总结道。

"是的。所以，我会非常鼓励管理者真诚地、坦然地去面对自己的缺点，毕竟人无完人嘛。但作为一个新经理，当我们还没有在下属面前证明自己的专业和能力时，也先别傻呵呵地去暴露缺点。"方晴说。

"嗯，尽信书不如无书。还是得自己慢慢体悟呀。"

方晴被我这个问题打开了话匣子："分享一下我刚刚当管理者时的心路历程吧。在我最初当经理时，我是羞于去展示自己的能力的。那时的我，认为低调是一种美德。后来，我才慢慢意识到，学会展示自己的能力，呈现自己的功劳和贡献，是一个管理者应该去做的事。一方面，这种呈现可以带给下属们信任感，让他们愿意追随你；另一方面，你也可以建立对外的影响力，为团队争取更多资源。做这些事，并不是傲慢与张扬，而是承担起管理者的责任。在获得信任的基础上，继续保持谦卑心态，敢于承认自己的短板，承认自己知识的盲区，会进一步赢得更多信任。"

我点点头，若有所悟。

▌信任对于团队的价值 ▸▸▸▸▸▸▸▸▸▸▸▸▸▸▸▸▸▸

方晴一边打开电脑，一边跟我说："我上周看到一份领导力调研报告，其中有一段话对我非常有启发，分享给你。"

我接过电脑，屏幕上显示着以下几句话：

团队往往"因事而聚，因人而疏"。

在公司创立或团队组建的初期，人们往往因为感兴趣的事业聚集在一起。而当一群人在一起共事一段时间后，造成裂痕的却往往是"待人不公平""功劳归自己、责任归别人"之类的人际关系的疏离。（引用自《成长期企业管理者领导力调研报告》，DDI、君联资本联合发布）

"因事而聚，因人而疏。"我重复着这句话，又获得了一些新体悟，"没错。我们的团队是因为公司的新战略、新规划而成立的，这就是因事而聚。最初，大家被共同的目标感召，但长期相处下去，如果我没能获得大家的信任，我们的团队就会失去凝聚力。信任对于团队长期发展具有不可替代的价值。我需要在赢得信任上再多努力一点。"

方晴点点头，没有再说话。我调整到一个更舒服的坐姿，抬头看天边浮云流动。这一刻的沉默没有一丁点的尴尬，反而给我创造了一个空间，接着去体会刚刚的对话。

▌四次对话后的小总结 ▶▶▶▶▶▶▶▶▶▶▶▶▶▶▶▶▶

几分钟后，方晴打破了沉默："截止到今天，我们已经完成四次辅导了。我想邀请你总结一下你有哪些收获，可以吗？"

我认真地想了一会儿，回答道：

"主要有两点，第一点是理解了管理者有哪些角色与职责，知道管理者和业务骨干的思维方式有哪些差异，并开始在工作中去有意识地做出角色选择。关于怎么做好领导、老师、教练，也进行了一些实践，但还没有完全掌握相关的技能，目前还在探索如何'从知道到做到'。

"第二点是今天又充分理解了什么是信任，体会到信任关系对于团队的价值。过去的我太关注怎么把事做好、做对了，现在我渐渐意识到'人和关系'的重要性。"

方晴回应道："特别好，你说到的两点都是新经理在上任后第一阶段就应该去面对的挑战。很多新经理会特别关注技能层面的学习，比如怎么去布置任务、怎么去反馈等，但是，假如角色定位和信任关系这两个问题没有解决，技能再熟练，也没有办法获得预期的好效果。"

我点了点头："有点像咱们中国传统文化里道和术的关系。没有悟到道，只在术的层面折腾，没用。"

"是的，希望我们的辅导能让你在道和术层面都有些收获。"方晴说，"那下周你有什么新的行动计划吗？"

我想了想，回答说："我会再体会体会教练的'剑意'，带着这种感受再去尝试一次教练对话。另外，我也需要找机会跟下属们聊聊天，去问问他们的目标和需求是什么，为我们的信任关系再砌几块砖。"

"好啊，这是个充满了勇气和责任感的决定。"方晴的语调中充满了赞许，"相信这一次一定会有不同的收获，那这次沟通就算这周的作业吧，希望下周听到你的反馈。"

面谈后的行动

周一上午，部门周会结束后，大木找到了我："磊哥，你上周交代我做一份在知乎平台上进行内容宣传的规划方案，我周末想了想，没什么头绪，你能不能再跟我讲讲你的想法？"

我点点头，上周我就对这个宣传规划有了个初步思考。我翻开本子，准备把我目前想到要做的几件事告诉大木。

等等，停。

我突然意识到，这是一个教练对话的好时机。

从"任务"的角度来看，这是一个需要探索、需要创新的任务，并没有标准答案。从人的角度来判断，大木有一些经验，也愿意主动思考，他只是习惯性地依赖我，希望我直接给答案。同时，在我升职之前，就跟大木有多次合作，信任关系还不错。

于是，我跟大木说："我有一些思考，但也特别希望听听你的想法，咱们一起碰撞一下，可能会有新的火花，怎么样？"

大木点点头，我们开始了对话。这一次，我用了教练对话中的 GROW 模型来展开对话。基于我和大木之间的默契与信任，这次对话效果还不错，让我对做好"教练"有了更多信心。

关注公众号"刘琳的职场漫记"，回复关键词 GROW，
了解管理者使用 GROW 模型进行对话的案例。

周二下午，我又约范雨在楼下咖啡厅聊了会儿天。约她之前，我考虑了好久怎么去切入话题，最后决定就真诚地、用最开门见山的方式去说。

我跟范雨说："以前虽然合作不多，但一直对你的创新能力和写文案能力很佩服。现在我们作为上下级，也需要一些磨合，所以希望能一起聊聊，看看未来我们用什么样的方式可以更快地磨合、更好地合作。"

范雨感受到了我的真诚，也渐渐打开了话匣子。经过沟通，我对她有了更多认知，也了解了她为什么申请调到这个新部门。原来，她也和我一样感受到了职业瓶颈，但她经过分析，认为自己并不适合走管理岗，所以希望能在不同的专业领域再多一些历练。新媒体营销最近很火，她也很感兴趣，于是就跟张鹏申请加入了这个部门。

范雨也表达了她的诉求，需要专业经验的复杂项目可以放心交给她，她肯定会全力以赴，只是希望多一点空间，不要在细节上干预太多。

经过这次沟通，范雨在我眼中的形象变得更加立体了，我了解了她的需求和顾虑，而不仅仅把她看成一个和我资历相当的业务高手。我能感觉到，我们在通往信任的路上又向前迈进了一步。

知识卡片

○ 当彼此有信任基础时

双方在关系中有舒适感与安全感，敢于说出自己的真实想法。

双方的期待有一定程度的对等，彼此基本可预期对方的行为。

在信任基础上做老师和教练，才能取得良好的效果。

○ 当下属对上级不够信任时

下属不愿意说真话。

下属有疑问时不愿意主动发问。

在上级尝试进行教练与辅导时，下属会怀疑上级在"套路"自己，无法收到预期效果。

从麦肯锡信任公式出发，与下属建立信任关系。

$$信任 = \frac{可信度 \times 可靠性 \times 亲密度}{自我利益导向}$$

请通过表 4-1 自检在哪些行为上还有改进空间。

表 4-1　信任值自检

	正向行为（加分项）	负向行为（减分项）
可信度	• 展现对专业问题的深度见解 • 对下属的工作给予建设性点评及反馈 • 给予下属专业辅导	• 不懂装懂 • 无法为下属提供有效辅导 • 针对下属的工作只给出定性的结果评价（合格或者不合格），不给出建设性反馈（如何改进）
可靠性	• 说到做到，言行一致 • 勇于承认自己的错误，承担相应责任 • 不给出过度承诺	• 过度承诺，承诺的事无法兑现 • 言行不一致、双重标准（对自己的要求和对下属的要求不一致） • 出了问题推卸责任，让下属背锅
亲密度	• 有共同的爱好、价值观 • 有非正式场合的深入交谈 • 彼此分享工作以外的信息（兴趣、爱好、家人等）	• 除了谈工作没有任何接触 • 完全不了解下属的个人信息
自我利益导向	• 愿意主动了解对方的目标 • 考虑对方的需求是否得到了满足 • 有同理心，理解和接纳对方的情绪	• 只关注自己的目标 • 不关心对方的情绪、需求，或认为其情绪、需求不合理

学 以 致 用

请你用以下问题来帮助自己审视现状，找到行动的方向。

1. 你和下属之间的信任关系如何？如果从 1～10 分来评分，你会评几分？

2. 你和下属之间可以坦诚沟通吗？如果还不能，原因是什么？

3. 从信任公式出发，你认为自己可以提升和改进的方向是什么？用上面的表格来自检一下吧。

4. 你是否曾在下属面前真诚地分享自己的脆弱和短板？如果还没有，什么时候会是做这件事的好时机？

第 2 部分

PART 2

挑战升级，渐入佳境

度过了上任之初的忙乱，团队逐渐有序，但新的挑战层出不穷：

▶ Z 世代员工不服管、挑工作，如何与他们高效沟通？

▶ 我已经努力在授权了，但下属的工作质量仍无法达标，我是不是应该接手自己干？

▶ 下属的工作有偏差，怎么给反馈才能既不伤感情，又把事说清楚？

▶ 招聘新下属看走了眼，应该继续教，还是果断"说再见"？

▶ 团队成员之间有冲突，我应该介入还是旁观？

05
代际沟通

◀◀◀ 如何面对要"整顿职场"的 00 后 ▶▶▶

> 通过倾听、观察来弥合人与人之间沟通和理解的
> 鸿沟。当你了解并关心他人时，领导团队这件事会让
> 你变得更加快乐，团队也会变得更有效率。
>
> ——埃里克·施密特，《成就》

这周和大木、范雨的沟通都很高效，然而，周三我又遇到了新状况。

周三那天，张鹏交给我一项紧急任务：收集五家竞品最近三个月在不同新媒体渠道的营销活动，把活动信息、推介型号等汇总成一份文档，两天后就要。

我问张鹏这份文档要用来做什么，他简单地告诉我，他在做一个整体规划，需要这些数据做参考。我就没有再多问，接下了这个任务。

这个任务技术含量不算高，但需要花上大半天时间去翻找不同平台过去三个月的推文和视频。我想了想，准备把任务交给小

叶去做。一方面，她的能力肯定能胜任；另一方面，她最近几天恰好手头没有其他紧急任务。

让我没想到的是，刚听我说完任务要求，小叶便毫不犹豫地拒绝了我："为什么要交给我干？这个不属于我的职责范围。"

我尝试去解释：部门里常有突发工作，每个人都需要承担一些职责范围之外的事。小叶又接着说："可是这个工作有什么意义呢？我看不出它的价值，这不是在做无用功吗？"

我怔住了。

坦白说，我也不知道这项任务具体的"价值"是什么，张鹏说要用这个信息做参考，而新媒体又是我们部门的工作内容，我自然就应承了下来。

我只能大致转述了张鹏的话，但显然这个"价值"无法说服小叶。我感到有些沮丧，突然想起了小叶的前任上级给我的反馈，说她很聪明，但是比较自我，会挑工作。之前几个星期我还没怎么感受到，今天算领教了。

眼看沟通要陷入僵局，小叶又让步了："行吧，我来弄吧，这两天正好手头项目结束了。但晓磊哥，我得提前声明一下，如果以后我比较忙、需要加班的话，这种不属于我职责的任务我不会接受哦。"

看起来任务是交代下去了，可我这口气一直都没顺下去。给下属交代了任务，最后她勉强接受了，好似我还得对她感恩戴德？网上常说 00 后们要来"整顿职场"，我总觉得自己也是个年轻的管理者，跟他们没那么大的代沟。但现在看起来，我也会成为被整顿的对象？

这种情况如果再多来几次，我肯定受不了。周末跟方晴探讨一下吧，我暗暗想。

面谈

周日的见面如约而至。

寒暄过后，方晴先问起了上周行动的情况，我反馈道："还不错。跟大木做了一场教练辅导，能感觉到对方既找到了方法，也收获了信心。跟范雨也聊了聊她的想法和需求。"

方晴微笑着点头。

我又接着说："但是，这周我在跟另一个下属沟通时又遇到了新状况。"我把跟小叶的互动过程简述了一下，然后提出了心中的困惑："碰到这种下属应该怎么办呢？"

方晴回答道："巧了，我这周给一家企业做管理培训，课堂上也有学员提到了这个问题。他碰到的问题跟你的几乎一样，说给下属布置任务，下属因为任务不在自己的职责范围内而拒绝接受。但结局不太一样，他和下属最后不欢而散，而你的下属小叶最后还是接受了任务。既然任务布置下去了，那你困惑的点是什么呢？"

"这次是接受了，那还有下次呢！而且，我心里还挺窝火的，怎么像我求着她干活似的。"我把内心的情绪一股脑地倒了出来。

方晴说："能理解。那我想问问，你觉得小叶直接拒绝你的原因是什么呢？"

"就是挑工作呗。"我回答，"只想干自己觉得有价值的工作。说白了，就是缺乏职业精神。"

方晴又问："那她后来为什么又接受了呢？"

"我也不是特别理解。可能是觉得我也不容易吧。所以，我才有种被施舍的感觉。明明我才是上级。哎，憋屈。"那个难受劲儿又在我的心头翻滚。

▋ 了解 Z 世代 ▸▸▸▸▸▸▸▸▸▸▸▸▸▸▸▸▸▸▸▸▸▸▸▸▸

方晴没有再急着回应我，而是打开了电脑，调出了一页文档，跟我说："我上周在课后查了一些资料，总结了 00 后员工的特点，你先看看。"

1. 什么是 Z 世代

《新华月报》2021 年第 8 期的文章《Z 世代，这样一群人》中大致提道：

社会学家哈布瓦赫认为，每一代人都被其时代的重大历史事件塑造，而青春时期的集体记忆将影响个体的生命历程。学术界基本通行的原则，是在承认所谓的"代"既是一种生物学事实，同时又是一种社会事实的基础上，以那些足以形成代际区分的重大历史事件作为划分标准。

第二次世界大战结束后，世界各地，特别是欧美，迎来了生育高峰，人们便将 1945 年至 1965 年出生的一代人，称为"婴儿潮一代"。

接下来，西方社会出现了能源危机、通货膨胀、革命风潮、反战运动、消费社会等重大历史事件和社会历史转型，1966 年至 1979 年出生的一代人被称为"X 世代"。

1980 年至 1994 年出生的一代人则被称为"Y 世代"；顺理成章地，在 1995 年互联网普及后出生的一代人，被命名为"Z 世代"。

学界对于中国 Z 世代究竟起源于何年、终止于何时有不同的划分，但在多数语境中，1995 年到 2009 年出生的这一代人可以被称为"Z 世代"。目前进入职场的 00 后，就属于 Z 世代。由于成长环境的差异，他们的职业价值观也与前辈们有着显著的差异。

2. 00 后的员工在职业价值观上有哪些特点

BOSS 直聘研究院在 2022 年 4 月发布了《00 后群体就业选择偏好调研报告》，其中大致提道：

与前辈们相比，00 后在工作城市、职业价值、雇主规模、求职方向等选择上，存在诸多差异。这折射了在劳动力代际更迭中，出现更加关注自我成长和生活平衡的求职新趋势。

与大厂光环相比，00 后更在意工作的成就感、个人价值、成长前景，甚至是老板的个性、团队的氛围。00

后力求一个"健康公平"的职场氛围。当自身权益面临伤害时，他们也会奋起反击，表现出极强的独立意识与维权观念。00 后带来职场新风气的背后，是职业价值观的改变。在工作方向上，00 后的求职心态更为开放和多元。

在择业中，00 后颇有个性，高度关注个人成长和兴趣匹配，对金钱回报的重视程度较 90 后、85 后有所下滑。

3. 00 后员工有哪些典型的行为特点

（1）更关注意义与价值，更追求个人价值的实现

在接受工作安排时，00 后会表现出更强的自主意识，当他们判断此项工作对自己没有意义或不符合个人兴趣时，更敢于拒绝。

（2）权威意识相对淡化、服从性较弱

与 80 后、90 后相比，他们对权威（上级）的服从性相对较弱，更偏好平等、开放的氛围与沟通方式。

（3）更敢于表达自我

更倾向于在公开场合说出内心的真实想法，并勇于通过表达为自己争取利益。

▎理解 Z 世代行为背后的原因 ▸▸▸▸▸▸▸▸▸▸▸▸▸▸▸▸▸▸▸▸

我默默读完。坦白说，这些内容并没有超出我的知识边界。

作为一名 90 后，我其实也算个"年轻人"，00 后的特点我都知道，也能理解。但在读这段文字时，我还是生出了一些新的感受。我跟方晴说："我突然没那么窝火了。我发现，小叶其实并没有针对我，也无意冒犯我，更不是不敬业，她只是在非常真实地做自己、表达自己。"

方晴有点惊讶："你的顿悟来得这么快！太棒了！"

"我其实一直都知道年轻员工会有这样的特点，但以前接触过的年轻员工通常还是会表现出对上级和权威的服从。小叶是我接触的第一个典型 00 后，那天突然遭到拒绝，我的情绪一下子就上来了。现在跳出自己的视角去看我们两人的沟通，我就觉得释然了。"我回答道。

方晴说："是的。当我们能深入理解这些年轻员工的思维方式与价值观时，我们就能理解他们行为背后的原因，就不会给他们贴上不尊重上级、没有职业精神的标签。这样，我们才能找到影响他们的方式与路径。"

我点点头："我的情绪问题解决了，但困惑还没完全解决，以后我应该怎么去和这些 00 后沟通呢？"

"要不，你先来试着总结一下？你比我年轻，应该更懂年轻人。"方晴又把问题抛回给了我。

我沉默了一会儿。

我发现，当我放下情绪去思考这个问题时，答案其实并不复杂。我梳理了一下思路，跟方晴说："在这次沟通里，症结还是出在'为什么'要做这件事上。我发现，这也是我跟小叶最大的差异。对于尊重权威的我来说，上级交代了一个任务，而且还挺急，这就是做这件事的理由。但对于没那么看重权威的小叶来说，她还需要一个能说服她的理由，就是这件事到底有什么价值，对她的意义是什么。找到了这个答案，她才能心甘情愿地去做。"

方晴说："我同意。那你觉得小叶最后为什么又接受了呢？"

我回答："应该是因为我们彼此之间还是有一些信任关系，另外她也是有一些职业精神的，这是上级交代的任务，又没有特别离谱，所以表达了不满之后她还是接受了。"

方晴笑了："感觉你已经很理解小叶的想法了，那么，你现在还有憋屈的、被施舍的感觉吗？"

我想了想说："基本没了。"

方晴说："好的。那我们就带着你刚刚的领悟，一起总结一下如何跟这些年轻人沟通吧。"

▌ 与 Z 世代员工的沟通准则 ▶▶▶▶▶▶▶▶▶▶▶▶▶▶▶▶▶▶▶

以下是我与方晴共同探讨和总结的内容。

第一，明确价值。

在布置工作时，不仅交代 what（做什么）和 how（如何做），更要交代 why（为什么），让员工看到这个任务背后的价值和意义。特别值得注意的是，管理者需要把这个价值和意义和员工的个人目标建立关联。如果仅仅强调这件事对团队、对公司有多重要，员工仍然可能会抵触。管理者可以尝试了解下属的需求、长期目标是什么，并帮助他看到当前的任务可以帮助他提升哪些能力、积累哪些资源，从而为他的长期目标贡献价值。

第二，尊重差异。

理解并尊重代与代之间在价值观、行为风格、沟通偏好上的差异。听到年轻下属直接、坦诚的表达时，不要给他们贴上"不敬业、不尊重上级"的标签。

上级可以尊重和理解这些差异，就不会引发情绪对抗，从而就事论事，让沟通走上正轨。

第三，淡化权威。

年轻人喜欢用"爹味"和"妈味"来描述喜欢说教的人，也是在表达对单向说教的反感情绪。

所以，在沟通过程中，尽量不要带着过来人或权威者的语气。例如，避免用这样的回应方式：

"你这算什么，我刚入职时比你难多了……"

"你就按我说的去做，哪有那么多为什么……"

"早就跟你说了应该……"

多倾听，多提问，多做平等的探讨。关于这一点，可以参照"教练"这顶帽子的工作方式。

第四，厘清底线。

在平等、尊重的基础上，作为管理者，我们仍然需要明确底线要求，适度使用职权影响力去传递规则与对下属的要求。

为什么把这一条放在最后一点呢？我和方晴一致认为，当前三点做得足够到位时，我们和年轻员工之间会建立起信任，这时再使用职权影响力，他们是听得进去的。但如果前三点没有做到位，只会用职权去进行单向指令，就难免会碰到要"整顿职场"的年轻员工的抵制与反弹了。

这么梳理完，我觉得自己找到了带好年轻员工的方法与信心。对话结束前，方晴说："老规矩，还是想问问，你下周有什么行动计划呀？"

我想了一下，回答："也没有什么特别要做的事，我再观察一下小叶，把我们总结的内容应用起来，看看有没有什么心得吧。"

"好的。"方晴说，"对 00 后的管理与激发也是我非常有兴趣的话题，期待你的反馈！"

面谈后的行动

这一周，我在与小叶沟通时刻意做出了一些调整。在布置任务时，我不会用单向指令的方式进行，而是戴上"教练"这顶帽子，先去询问她：

你怎么看待这个任务？

你觉得这个任务和你正在做的事有什么关联？

你觉得这个任务的价值是什么？

在询问时，我做到了足够诚恳。我并不是在套路她，而是真诚地想听听年轻人的新想法。

我发现小叶说出的内容大部分与我的思考是一致的，甚至还能带给我一些新启发。于是，我也会真诚地给予她认可，然后基本在她讲述内容的基础上补充我的想法。

这种尝试收到了不错的效果，让我看到了小叶的潜力，也让我获得了更多信心。

知识卡片

一 造就 Z 世代员工的社会背景

表 5-1 展示了 Z 世代员工形成的社会背景。

表 5-1 Z 世代员工形成的社会背景

社会	阶层流动性降低
	物质生活优越
科技	移动互联网和内容大爆发
家校	独享父母的爱
	家校管教更民主
	课业负担更重

资料来源：腾讯《00 后研究报告》，腾讯社交广告部、腾讯用户研究与体验设计中心（CDC）联合发布

二 Z 世代员工的价值观与行为特点

表 5-2 展示了 Z 世代员工的典型价值观与行为特点。

表 5-2 Z 世代员工典型价值观与行为特点

典型价值观	行为特点
更关注个人价值 追求自主、平等 注重丰富体验 注重工作生活平衡	敢于表达个人观点 追求信息透明 服从性弱，敢于公开拒绝

1. 明确价值

除了说清楚做什么，更要讲清楚为什么，让 Z 世代员工意识到工作对他们自身的价值。

2. 尊重差异

理解不同年代的职场人在典型价值观和行为特点上的差异。

3. 淡化权威

少说教、多倾听，构建平等沟通的氛围。

4. 厘清底线

在建立信任之后，也需要适度使用职权影响力，明确工作规则与底线。

学以致用

在你的团队中，是否也有让你觉得头疼不已的 Z 世代员工？请尝试思考以下问题：

1. 他们行为背后的需求和价值观是什么？

2. 你是否也给他们贴上过"不敬业""不服从"的标签？

3. 在过往的沟通中，你是单向说教更多，还是双向沟通更多？
4. 你将如何调整与他们的沟通方式？

06
拿到结果

◀◀◀ **授权需要想清楚、说明白** ▶▶▶

> 新经理很容易走极端，在授权过度和授权不足之间徘徊：要么一毛不拔，要么倾囊相授。
>
> ——琳达·希尔，《上任第一年》

在和方晴的第二次面谈结束后，我渐渐养成了一个新的工作习惯——有一个任务需要执行时，我会刻意提醒自己停下来，问自己两个问题：

第一，这个任务应该谁来干？是授权，还是自己干？

第二，如果是自己干，是马上干，还是另外安排时间干？

用方晴的话说，这叫"做出有意识的选择"。

几周下来，我那种"盲目地忙"的状态稍稍改善了一些，但在授权给下属的过程中仍然有各种各样的问题，例如：

复杂的、难的任务，找不到合适的人可以授权，还是砸在自己手里；

认为自己说得很清楚，验收时才发现下属没理解我的要求；

　　布置出去的工作达不到预期，在自己接手干还是继续辅导之间纠结；

　　……

　　这样一来，我又有些动摇和倒退，总想回到自己当大业务骨干时的状态。我准备这个周末跟方晴聊聊"授权"的话题，请她帮我系统地梳理一下。

面谈

　　这周日的天气很好，我们约在了奥森公园。

　　见了面之后，方晴解释说："这次约在了户外，如果你不介意的话，咱们可以边走边聊。我最近发现，边散步边聊天是一种特别高效的方式，不花钱，消耗热量，还能呼吸新鲜空气。在这样的空间里，对话也能很放松、很自然。"

　　"好啊，我当然很愿意。"我回答道，"只是不能做笔记了。"

　　方晴笑了："记在脑子里，比记在本子上更有用。"

　　我们沿着奥森公园的小路慢慢走着。我讲述了最近在授权时碰到的种种问题，然后提出了自己对本次对话的期待：系统地梳理一下授权过程中的关键点。

　　方晴耐心听完我的讲述，回应道："你提出的问题都非常典型，是大多数新经理都会遇到的问题。在我看来，要做好授权，有四个关键点：第一是破除内心障碍，敢授权；第二是选对对象；

<u>第三是确定授权程度；第四是做到清晰表述目标。</u>我们一个一个地说吧。"（见图 6-1）

我点了点头。

破除内心障碍	选对授权对象	确定授权程度	清晰表述目标
明确授权的价值 厘清授权的意图	考虑意愿及能力状况 考虑团队人才结构	放手干 联手干 手把手干	任务边界、期待目标、 所需资源、验收时间

图 6-1　授权的四个关键点

▌授权第一步：破除内心障碍 ▶▶▶▶▶▶▶▶▶▶▶▶▶▶▶▶

"先来看第一点，关于授权的内心障碍。"方晴说，"很多新经理是不愿意或不敢授权的，总觉得自己干才更高效、更放心，你先来评估一下，你内心还有这些障碍和顾虑吗？"

"有一些，但已经少了很多。"我回答道，"上次您跟我聊完时间管理的话题，我已经意识到，授权可以帮助管理者进行有效的时间分配，可以让我把时间放在更重要、更有价值的事情上。所以，我开始有意识地把任务布置给下属。但很多时候，我还是会觉得下属不够成熟，怕交给他们做不好、耽误事。"

方晴说："你已经迈出第一步了，很好。刚刚你提到的是授权的第一个价值，让管理者把时间放在更重要的事情上；授权还有第二个价值，就是培养与激发下属，促进下属成长。当你看到第二个价值时，能不能再减少一些顾虑呢？"

"授权是培养下属的方式……可是，我授权了，他们倒是成长了，可事没干好，不还是得砸在我手里吗？"我挠了挠头，说出了心里的疑问。

"你说的没错，这就涉及下一个问题——授权时你的意图是什么。"方晴回答，"假如你的意图是更高效地完成工作，你会选择哪些任务来授权？又会授权给哪些人？"

"当然是把紧急的工作授权给那些已经具备能力完成的下属了。"我的答案脱口而出。

"是的。"方晴点点头，"那假如你的意图是培养下属呢？"

我想了想，说："那就得选一些不那么重要、不那么紧急的活儿，交给还不完全具备能力的下属。但交给他们时，还得同时戴上'老师'这顶帽子。我想起来了，这就是我们在第二次对话时谈过的话题——短期绩效与长期绩效的权衡。"

"是的。你上次还总结过，慢即是快。另外，当我们带着培养下属的意图去授权时，也要做好让下属试错、我们来兜底的心理准备。"方晴说。

我点了点头，回应道："对，聊到这儿，关于授权时内心的顾虑似乎又少了一点儿。总结一下，明确授权的价值、厘清授权的意图，做好这两点，就能破除内心的障碍了。"

▌授权第二步：选对授权对象 ▸▸▸▸▸▸▸▸▸▸▸▸▸▸▸▸▸▸

"聊到这儿，我对您提出的授权的第二个关键点——选对人，也有了一些思考。"

"哦？说说看。"方晴用鼓励的眼神看着我。

"虽然我们之前已经讨论过管理者的几个不同角色了，但我在布置任务时，总会忘掉其他角色，只是牢牢地把'经理'这顶帽子焊在脑袋上。于是，我总是会想找一个既有意愿又有能力的下属去授权。我放眼望去，这样的人总是太少，甚至没有。于是我就只能叹息无人可授。听完您刚刚的分析，我突然理解了，<u>选对人，不一定是选择能力与意愿都具备的人，而是应该根据团队成熟度、任务的紧急程度和我自己内心的意图，找到那个最合适的人</u>。"我一口气把自己的想法倒了出来。

"太对了！"方晴给我竖起了大拇指，"我观察过很多新经理，他们普遍会有一个误区，就是总把任务授权给团队里那些能力最强、用着最称手的下属。结果呢，就是团队成员都觉得不公平。最能干的人觉得鞭打快牛，干得越好负担就越重；能力不够的下属就觉得自己没有锻炼的机会、不能成长。"

"明白了，授权时要综合考虑任务的完成效率和梯队的培养，还是那句话——做出有意识的选择。"我说。

方晴点头微笑，露出一副孺子可教的欣慰神态。她指了指路边的木椅，说："我们坐一会儿吧。关于第三个关键点，我找一份文档给你看，效率更高。"

▌授权第三步：确定授权程度 ▶▶▶▶▶▶▶▶▶▶▶▶▶▶▶▶

我们在椅子上坐下，方晴拿出平板电脑，直接调出了一份表格（见表 6-1）给我看，说："你悟性这么高，这一页就不用我再讲解了，你来看看，你怎么理解‘确定授权的程度’？”

表 6-1　不同程度的授权

授权的程度	手把手	放手	联手
意图	发展知识与能力 评估成熟度	提升效率 拿到结果	提升效率 优势互补 增进默契
要点	评估能力水平、缩小任务的颗粒度、明确方法，高频检查和指导	选择成熟度高的人选、放弃具体指导，给予资源支持、适度检查，结果反馈	选择能力相近的人，明确分工，双方优势或技能互补
避免的坑	过度关注细节、控制欲强、挑剔心理重	彻底放手不管，用人不当，最终拿不到结果	意见不一时无法决断，责任人不清

我认真阅读表格，然后跟方晴讲述了自己的理解。

以前提到授权时，我总是理解为把任务交给合适的人，自己就不用再管了，等着按约定好的时间点检核就可以。但看完这张表，我意识到，授权也可以再去细分出不同的程度。

程度一：手把手

针对能力不够强的下属，如果我希望通过授权来锻炼他，那就可以选择“手把手”的方式，这时的我应同时扮演“经理”和“老师”两个角色，把任务切分得颗粒度较小，讲解清晰后让下属去做，然后及时检核，再交代下一步。

我想起之前看过一个职场综艺，叫作《我和我的经纪人》，其中有一个场景，是壹心娱乐的 CEO 杨天真给她的下属琪仔交代工作。琪仔是演员白宇的执行经纪。在白宇还是一个名不见经传的小演员时，琪仔做他的执行经纪，基本可以胜任；但白宇突然凭借一个网剧的角色小火起来后，工作内容一下子变复杂了，琪仔就无法胜任了。她压力很大，也很焦虑。杨天真指派琪仔负责制作一个白宇的生日活动宣传方案，琪仔对此完全没有头绪，提交了一份完全达不到要求的草案。这时候，杨天真并没有着急，而是帮助琪仔开始拆解任务的颗粒度。她告诉琪仔，如果一下子拿不出方案，那可以先去提炼白宇的独特性是什么，我们希望传递给观众"白宇是谁"这个问题的答案是什么。杨天真让琪仔先去完成这一步，再去解决其他问题。

现在回想起来，这其实就是"授权程度"的调整。本来杨天真是授权琪仔去做一个完整方案，当她发现琪仔不能胜任时，就把任务颗粒度变小，让琪仔先完成这一小步，再去考虑下一步的工作。于是，授权程度变成了"手把手"。很明显，琪仔在这段对话之后，信心提升了不少。

程度二：放手

放手式的授权，就是把一个完整的任务交给下属，明确最终的结果与目标，不再对具体细节进行管控。

当我们选择这种授权程度时，通常是戴着"经理"这顶帽子，选择能力与职责适配度最高的下属，并通过这种方式提升整个团队的效率，快速拿到结果。

当然，放手并不意味着当甩手掌柜。我们仍然可以为下属提供必要的资源与支持，并在约定好的检核点进行及时验收。我最近在授权时出现的典型问题，就是"过于放手"，到最后关头再去检核，发现不达标只能自己顶上。关于这一点，方晴和我在探讨"时间与任务管理"时也提及过，"检核任务"应该被放在二象限，主动安排时间去做，而不是等到最后一刻。

程度三：联手

部门中有些复杂任务，我自己也需要参与进去承担部分工作，这时就可以选择与部门内其他业务骨干"联手"的授权方式。在"联手"时，我同时戴了"经理"和"业务骨干"这两顶帽子，作为经理去分配任务、定义每个人的具体职责；然后作为业务骨干去承担自己的工作。对于基层管理者来说，这样做的价值体现在两个方面：

一是优势互补、提升效率。自己作为业务骨干承担部分擅长的工作，其他业务骨干承担他们擅长的工作，这样可以实现部门内资源的最佳调配。

二是培养和部门里其他业务骨干之间的信任与默契。一起"撸起袖子干活"的经历，是获得其他业务骨干认可与信任的好机会。有过联手的经历，他们会更愿意把我当作伙伴，而不仅仅是一个发号施令的上级。

在这样的工作情境中，需要特别注意的是，要提前约定好职责分工和决策流程。在专业问题上大家可以各抒己见、共同探讨，需要拍板时管理者也要肩负起决策的责任，并承担决策的风险。

我一口气讲完自己的理解，方晴又给我竖起了大拇指。她反馈道："特别好，你已经完全理解了这张表的精髓。你发现了吗？授权看起来简单，似乎只是把任务交代下去，但需要管理者提前想清楚很多问题。只有想清楚了，才能说清楚。有些管理者懒得花时间去把授权的程度与细节想清楚，直接把任务囫囵交代下去，反而耽误了时间。"

"是的，"我表示认同，"回想起之前的授权，很多时候我以为下属没理解我的意思，实际上是我自己也没有完全想清楚到底需要授权到什么程度，下属的任务边界到底在哪儿，我应该在什么时间进行检核。"

■ 授权第四步：清晰表述目标 ▶▶▶▶▶▶▶▶▶▶▶▶▶▶▶▶▶▶▶▶▶

"想清楚授权的程度后，接下来我们来聊聊第四个关键点——清晰表述。"方晴继续引导我，"在授权时都应该说到哪些要素呢？你来说说吧。"

"好，那我按 why（为什么）-what（是什么）-how（怎么做）的结构来说吧。"我边想边说。

"why（为什么），就是为什么要做这件事，是关于这项任务的背景信息。另外，还要讲讲为什么交给他而不是别人来做这件事。特别是当我的意图是培养他时，要把这个信息传递出去，不然他可能会觉得我拿一个很有挑战性的任务来为难他。

"what（是什么），就是要讲讲这个项目的目标是什么，以及我可以提供哪些资源，包括人力支持、预算等。

"how（怎么做）的部分，就是具体的做法，我认为可以根据授权程度来判断是否要展开讲。如果是放手，就不用展开了，把我要的结果界定清楚即可；如果是手把手，那么需要把第一个小里程碑的具体工作方法展开讲解，然后告诉下属完成第一个里程碑后，我们再讨论下一步的具体做法；如果是联手，那么可以和下属共同讨论来产出工作方法与步骤。

"哦，还需要再加一个 when（何时做），要约定好工作进度，以及第一次检核的时间点。"

这么梳理完，我觉得心里清晰了不少。

"你总结得特别好，"方晴说，"道理并不复杂，但很多管理者在交代任务时，都不能真正做到'清晰表述'。这背后的原因有很多，有可能是欠缺耐心，或是觉得反正讲不明白下属也会过来再问，这样一来二去的就耽误了事，降低了效率。"

"是的，这就是从知道到做到的距离。我下周会在工作中再体会体会。"

方晴点点头："我有一个小建议，你可以整理一张自检表，在每次授权对话结束后，对照自检表来看看，有没有把该说的都说到。任正非在把一些先进的管理流程引进华为时，说要'先僵化，再优化，最后再固化'。我们个人技能的提升也是这个道理，开始可以先僵化地、刻意地练习，等形成习惯之后就游刃有余了。"

"那就把这个自检表作为今天对话后的小作业吧。"我说。

▌何时可以收回授权 ▶▶▶▶▶▶▶▶▶▶▶▶▶▶▶▶▶▶▶▶▶▶▶▶▶▶

看起来今天的对话可以结束了，但我又突然想起一件事，最近有一项工作，本来交给了下属冯君，可连续碰了几次进度，我都对工作结果不太满意。我一直谨记着第一次跟方晴聊天时提到的几顶帽子，提醒自己别冲上去干，还是多多指导他。可现在我觉得，再这样下去会耽误事，我想收回授权，又担心打击他的积极性。于是，我跟方晴简要讲解了这个任务的情况与进度，并提出了我的疑问："我可以收回授权吗？"

方晴笑了："我没办法直接给你答案，我想请你评估一下：收回授权的好处和风险是什么？不收回的好处和风险又是什么？"

我回答："收回授权，好处就是这个事能按预期进度去推进，不耽误事儿，风险就是冯君可能会不开心，觉得不被信任；不收回授权，好处就是冯君可能不会被伤害，风险就是会耽误事儿。"

方晴继续问："那综合这些好处与风险，你会怎么选呢？"

我沉吟了一下，回答说："还是得收回授权，自己干。但我可以给冯君解释一下，尽量让他不被打击。"

方晴说："很好，那做完这个决定，你又有什么新的反思或收获吗？"

我又沉吟了一下，说："有两点。第一，当时把这个任务授权给冯君，是缺乏对他的准确评估的，是一个不够好的决策。冯君是我在组建部门时外招的团队成员，他之前在一家母婴公司的市场部工作，经历过这家公司新媒体营销部门从 0 到 1 的阶段，有不少实操经验。他的短板是过于依赖成功经验，缺乏更开放的心态，不太听得进我的建议。刚刚说的那项任务，是需要一些探索与创新的，而他更愿意吃老本，用过往的成功经验去套现在的任务，所以这个任务并不适合他。对于已经做出的错误决策，应该及时止损，别犹豫太多。第二，管理者当然要尽量保护下属的信心和积极性，但也要考虑任务的效率与结果，必要时敢于做出果断的选择。"

"完全同意。看来你已经找到了答案。"方晴回应道，"那我们来总结一下吧，在今天的对话之后，你的行动计划是什么呢？"

"要做一张刚刚提到的授权自检表，另外，我还想再梳理一下，针对几个不同的下属，应该有哪些不同的授权策略。"我说。

"好，那咱们今天就聊到这儿，期待你的行动结果。"方晴为今天的对话画下了句号。

面谈后的行动

周一晨会之后，我自己留在会议室里，认真梳理了团队里每个成员的特点，总结出了在授权中对每个人的侧重点与策略（见表 6-2）。

表 6-2　团队成员授权策略分析

成员	特点	授权策略
范雨	• 专业大牛 • 善于单打独斗 • 工作经验 8 年	• 放手为主，给充分空间 • 在复杂项目上可以考虑联手干，培养彼此之间的信任和默契

（续表）

成员	特点	授权策略
佩佩	• 有潜力、领悟力强 • 欠缺行业经验，加以培养可成为部门中坚 • 工作经验 4 年	• 在创新型工作上可考虑放手式授权，让她大胆试错 • 在已有成熟经验的任务上可以手把手带一次，之后逐步放手
大木	• 踏实勤奋，认真 • 领悟力一般 • 专业能力与经验一般 • 工作经验 2 年	• 可以胜任部门日常事务性工作，可以放手式授权，帮助他提升信心与成就感 • 专业类工作，可以帮他拆分成颗粒度较小的任务，进行手把手式授权
小叶	• 聪明、心气高 • 名校毕业，以管培生身份加入公司 • 工作经验 1 年	• 授权时需要特别讲清楚"why"（为什么），帮助她找到个人目标与团队目标的关联 • 尚处于培养期，以手把手式授权为主，如果进步快可以逐步过渡到放手或联手
冯君	• 有行业经验 • 能力与潜力一般 • 心态不够开放	• 挑选更依赖行业经验的常规工作，以放手的方式授权给他 • 需要探索的、创新的工作，应谨慎授权

知识卡片

○　理解授权的价值

授权可以帮助管理者进行有效的时间分配，让管理者把时间放在更重要、更有价值的事情上。

授权是培养与激发下属的方式，是促进下属成长的过程。

○　明确授权的边界

可以授权的任务：

✔　专业技术型工作

✔　收集事实与数据

✔　下属已具备能力的工作

✔　下属做得更好的工作

✔　低风险或风险可控的工作

不可以授权的任务：

✔　设定目标和计划

✔　人事决策

✔　处理部门间冲突

✔　高风险的工作

✔　机密和信息限制

⬦⬦ **二** 授权前需要想清楚的事 ▷

1. 授权给谁

综合考虑以下因素，选择合适的授权对象：

- ✓ 授权对象在此项任务上的能力与意愿
- ✓ 团队整体成熟度和人才结构
- ✓ 任务的紧急、重要程度
- ✓ 未完成的风险

2. 授权的程度如何确定

表 6-3 展示了授权程度及其适用场景。

表 6-3　授权程度与适用场景

授权程度	适用场景
手把手	• 针对当前任务，下属的能力不足 • 任务紧急程度较低，重要程度较低 • 上级有培养此下属的意图
放手	• 针对此任务，下属能力及意愿都充足 • 上级通过授权可以释放自己的时间
联手	• 下属能力及意愿充足 • 任务复杂度高或重要度高，单人无法独立完成 • 上级希望参与到该任务中

通过授权自检表（表6-4）确定自己在授权过程中是否清晰表述。

表6-4　授权自检表

	要素	是否清晰表述
why（为什么）	任务的背景及重要性	
	为什么要授权给你，而不是别人（与个人目标建立关联）	
what（是什么）	授权的任务是什么	
	期待的目标和结果是什么	
	可提供的资源是什么（人力、预算、权限等）	
how（怎么做）	根据授权程度判断是否展开讲解	
when（何时做）	期待的工作进度（列出关键里程碑）	
	第一次检核的时间点	
其他	询问下属是否理解	
	询问下属是否有疑问，需要哪些支持	

学以致用

你目前在授权方面做得怎么样？回顾最近给下属进行授权时的表现，有哪些可以改进之处？

1. 是否在授权时有"不敢授权、不愿授权"的顾虑？探索一下，你的顾虑是什么？如何帮助自己化解这些顾虑？

2. 在选择授权对象方面，你做得如何？有哪些因素是之前忽视的？

3. 你是否有过"只授权给绩优员工"的误区？如果有，未来将如何调整？

4. 在"想清授权程度"方面，你做得如何？这三种授权的程度对你有什么启示？

5. 回顾最近的一次授权对话，用知识卡片第三部分中的授权自检表自查一下，看看还有哪些可改进之处。

07

有效反馈

◀◀◀ 我在夸你，你竟然觉得我在 PUA ▶▶▶

> 人们需要知道他们是在朝着目标前进，还是在虚度光阴。只有当人们面对一个挑战性目标，并在前进的过程中得到结果的反馈时，这才会提升他们执行任务的动机。
>
> ——詹姆斯·M.库泽斯，
> 巴里·Z.波斯纳，《领导力》

这一周过得异常忙碌。

我们公司某产品线本来计划两个月后推出系列新品，我已经和产品线相关对接人一起制定了新品上市期间的新媒体推广方案。按照原计划，这项任务下周才会启动。周一那天，产品线对接人找到我，说他们了解到竞品也有新品上市计划，为了抢在竞品之前，高层决定把上市计划提前一个月。相应地，我这边的新媒体宣传工作也都要提前。

听到这个消息，我眼前一黑。本来整个团队都还在磨合阶段，工作磕磕绊绊地能勉强按计划推进，这么个大任务一提前，所有的工作节奏都要调整。

不过任务肯定是要接的。这个系列新品上市也是公司季度重点项目，不能含糊。周一下午，我调整好心态，自己在会议室思考了两个多小时，把未来几周必须完成的任务和团队人手都盘了一下。在这个紧急任务面前，肯定不能再考虑"手把手"以培养人为意图的授权方式了，现在就是要快，把人才都用在刀刃上。另外，我自己也得戴上'业务骨干'这顶帽子，多承担一部分工作。

考虑完工作安排后，我召集部门成员开了个会，先开门见山地跟大家交代了背景信息，充分解释了新品需要提前上市的原因，然后给大家讲解了初步分工安排，并表示对于复杂的工作项目，我会跟负责人再一对一具体沟通。部门伙伴的反应比我预期中要好，大家并没有表现出推脱与抗拒，甚至有两个成员还表现得有点摩拳擦掌。我暗自猜测，这是部门成立以来第一个有含金量的大项目，所以，大家对于参加这样的项目还是有期待的。聊完内部的安排，我又跟合作的乙方供应商做了沟通，让他们也增加了资源。忙活了一天，总算是把工作梳理清楚了。

接下来的几天，我和团队成员都在紧锣密鼓地推进任务。为了避免无用功，我特意多设置了一些检核点。可我渐渐发现，在检核时，我跟下属的沟通总是不太顺畅。

比如，周三那天小叶提交了一份视频脚本给我，我不太满意，但考虑到小叶这次工作态度和效率都很好，我就想还是以鼓励为主，先夸夸她。我说："小叶，这个脚本整体还是不错的，能看出你很用心……"我还没说完，小叶就打断了我，说："磊哥，你就直接说'但是'后面的内容吧，不用绕圈子。"我愣了一下，赶紧组织好语言继续表达。

再比如，冯君在周四给我提交了一份文案，我觉得整体调性和公司的产品不太匹配。当时我恰好比较烦躁，也没多想，就脱口而出："这个文案没什么质感，显得有点低级……"冯君听到这句话也急了："怎么就低级了？"这次交流也不欢而散。

哎，夸也不行，直说也不行。我准备周日和方晴探讨一下，应该如何给下属提出反馈和建议。

面谈

这周末是在加班中度过的。周五我本想跟方晴说，这周太忙了，能不能顺延一次。下班路上我又想了想，跟方晴的沟通只需要一小时，如果她能给我一些启发，能节省的时间远不止一小时，于是决定还是继续安排。为了节省时间，这次我们约了线上沟通。

线上沟通更像开会，于是，我也就免去了寒暄，直奔主题。

我先跟方晴介绍了本周的突发任务，又简单讲了我在做工作分配时的意图与安排，然后询问她的评价。

方晴说："根据你提供的信息，我很认同你的做法。任务紧急，就戴上'经理'这顶帽子，对能够胜任的下属进行放手式授权。同时，也戴上'业务骨干'这顶帽子去承担部分工作，或去与下属联手。你做出了有意识的选择，从下属们的反应来看，这也是合适的选择。"

得到认可，让我更笃定了一些。我接着讲了和小叶、冯君沟通时遇到的状况，提出了我的困惑：

应该怎么给下属做有效的反馈？

怎么夸下属，才能显得不那么刻意？

下属的工作结果有问题，怎么指出才能避免他产生对抗情绪？

……

▌ 低效或无效的反馈 ▶▶▶▶▶▶▶▶▶▶▶▶▶▶▶▶▶▶▶▶▶▶▶▶▶▶

听完我一股脑的倾诉，方晴说："问题收到了，先别急，能不能先给我讲讲你现在通常是怎么给他们反馈的呢？"

我想了想，回答道："刚当经理的时候，我有点不太敢直接去指出下属做得不好的地方，总担心说了之后他们会不开心，或是觉得我拿着鸡毛当令箭。那时我习惯于接手过来自己改。"

方晴笑了："我刚当经理时，和你的想法是一模一样的。这几年我在培训课堂上也跟学员们探讨过这个话题。从我观察的样本来看，至少有 1/3 的管理者有过这个困扰。那你现在的想法发生变化了吗？"

"跟您聊过几次之后，我意识到这种想法是需要调整的。不说问题，就会让下属停留在错误的自我认知中，是上级的失职。"我回答。

"是的，管理者当然要考虑到下属的感受，但让他知道自己完成任务的真实水平、让他获得真实的能力反馈，是优先级更高的责任。"方晴说。

"另外，我也知道总靠自己接手肯定是不行的，就开始试着去指出下属的问题。我会先铺垫一下，说说下属做得好的地方，再说问题，我觉得这样做应该没错，但这次就被小叶怼^① 了。"

方晴说："我刚做经理时在管理课上学过汉堡包原则，也是这么教的——先指出优点，再说缺点，最后再表达对下属的肯定与期待。我那时把这个原则奉为圭臬，每次给下属做反馈也都这么说。但后来，我渐渐意识到了这种方式的局限性。第一，这种表达方式可能会导致重点信息被模糊。每个人对信息的接收都是有偏好与选择性的。当我们用汉堡包原则表达时，你想表达的重点是那块肉，他有很多需要修正的工作方式；但下属很有可能抓不住这一点，他把你铺垫的内容照单全收了，却忽视了后面的内容。于是，他会觉得，老板在夸我！我做得还不错，只是有一点小问题。第二，这种表达方式有可能会让下属觉得管理者不真诚。有些下属也看到过这个小技巧，当他感受到你是在用这个技巧进行反馈时，就难免会有被套路的感觉。你一夸他，他就知道有个'但是'在等着，于是就会不耐烦。"

"理解了。"我回答道，"小叶就是您说的第二种情况。我还有一点小领悟，每个下属的个性和偏好不同，有的人是愿意听一听

---

① 互联网流行用语，指用言语反击、嘲讽等。——编者注

夸奖的，哪怕知道这是领导的小技巧，我就是这样。但有的人的确就是更偏好简单直接的沟通方式。从小叶上一次怼我，我就发现了，她是个心直口快的人，怼我也不一定是有什么敌意，那就是她的表达风格。我也需要更理解下属们的沟通风格和偏好，去做出一些调整。"

"特别好。"方晴回应道，"这个已经是沟通中的高阶技能了，我把这种方式叫作调频。一个优秀的沟通者，能够去调整自己的波段，和沟通对象做匹配。"

"那咱们继续刚刚的话题吧，"我把话题引了回来，"我能够理解原来做法的问题了，那您建议我怎么做呢？"

■ 有效反馈的公式：ABC+C ▶▶▶▶▶▶▶▶▶▶▶▶

方晴在视频会议的界面上共享出一张 PPT，为我介绍如何去做一次有效的反馈（见图 7-1）。

有效的反馈：ABC+C			
A：appreciate 表达欣赏	B：behavior 描述正面行为	C：consequence 描述积极结果	
	B：behavior 描述待改进行为	C：consequence 描述消极结果 +	C：change 期待的改变

图 7-1　有效的反馈

"首先，我们需要来思考一下，什么叫'有效'？在我看来，'有效'就是指你期待传递的信息能够被下属接收到，进而体现在他的行为上。所以，在反馈中，管理者需要传递的重点信息是，下属的哪些行为需要保持，哪些行为需要改变和调整，以及如何调整。

"为了清晰传递、不模糊重点，我建议在反馈前开门见山地表达：'我们今天来一起总结一下做得好的地方和需要改进的地方。'根据你对下属的了解，如果他对认可与赞扬很有需求，那可以先简短表达一下整体的欣赏，也就是 A，appreciate；如果他属于小叶这种类型，也可以不说。

"接下来，无论是讲做得好的部分，还是讲不够好的部分，都需要聚焦在行为上，对行为描述得越具体越好；然后讲解这个行为带来什么样的影响与结果；在讲完不够好的行为及影响后，再讲解改进的方向。

"举个例子，假如我的下属第一次做培训项目启动会的组织者，我观摩完去做反馈时，我会这样说——"

方晴又在屏幕上呈现出一段文字。

今天是你第一次独立做培训项目启动会的主持，整体来说表现很不错（表达欣赏 A，appreciate），也有一些还可以提升的地方，咱们一起来总结一下。

先来说好的部分，你今天特意设计了一个破冰活动（正面行为 B，behavior），这个活动非常好，让场子一下子就热起来了，后面的环节推进就更顺畅（积极结果 C，consequence）……

再来说说需要改进的地方，在小组展示的环节，头三个小组讲解时间过长，你没有去提醒和控制（待改进行为 B，behavior），导致留给最后两个小组的时间太仓促了，他们没来得及把精心准备的内容展开讲解（消极结果 C，consequence），下一次可以跟大家提前约定好每个小组需要在几分钟内完成讲解，超时的情况下你也需要提醒和推进（期待的改变 C，change）。关于如何在不让学员尴尬的情况下去做提醒，你可以跟毛毛请教一下，她非常有经验。（对于改进方式的指引）

我认真读完，示意方晴我理解了"ABC+C"这个模型。方晴停顿了一下，然后问我："我刚刚讲的是技巧，也就是术。你听完之后，能不能在道的层面做一些总结？这种反馈方式更底层、更核心的原则是什么呢？"

我思考了一会儿，尝试总结道："第一，是要聚焦于具体的行为。行为越具体，下属就越能理解需要怎么调整。第二，是平衡。做得好的部分和不好的部分都要讲，讲好的部分，不仅仅是为了让下属感受好一些，更是让他知道哪些做法是可以保持的。"

"是的，"方晴说，"聚焦于行为，而不是特质。有些管理者在做反馈时，会说下属不敬业、没有责任心，这些都是对人的特质的评价，就很容易引起下属的对抗情绪。当我们聚焦于行为时，就是在体现对事不对人的原则。"

这时，一个新的问题又浮上心头，于是我问道："有些时候，下属提交的是一份工作成果，比如一份视频脚本，或是一份复盘总结，那我观察不到他的行为，应该怎么给反馈呢？"

方晴回答："底层逻辑没有变，只需要把行为替换成事实就可以了。例如，你可以说在这份报告中出现了两处数据错误，这就是在讲事实，但如果你说下属没有认真对待，这就是在讲特质了。"

我点点头，同时想到了前几天给冯君的反馈，我说他的文案有点幼稚，他马上就急眼了。现在想来，这个"低级"的评价太笼统了，不是"事实"，而是我的"感受"，所以在他听来就会很刺耳。

我把自己的反思讲给方晴听，方晴说："是的，很同意你的反思。另外，我还想补充一点，从你上次讲到收回给冯君授权的那件事，我有一个小观察，你们彼此之间的信任关系应该还比较薄弱。信任关系好的时候，下属听到这些词可能没觉得那么刺耳，他会试图理解你在表达什么；但信任关系不好时，他就很容易把注意力放在那些消极的词汇上，甚至会觉得：你不是在说这份文案低级，而是在说我这个人低级。于是，他就难免会出现对抗的情绪。"

我表示同意："看来，信任关系是一切的基础。我得好好想想，怎么去跟冯君加深信任。"

▍我在给反馈，下属却觉得我在 PUA？ ▶▶▶▶▶▶▶▶▶▶▶▶▶

"那关于怎么给反馈，我们就探讨到这儿，你觉得可以吗？"

方晴在屏幕的另一端问。

"基本可以了,但我还有两个问题,我先说第一个吧。"我说,"现在的下属总会把 PUA 挂在嘴边,不管是夸他,还是指出他的问题,他们总会说老板又在 PUA 我。虽然我的下属现在还没有这么说过,但我也想问问,您怎么看这个现象呢?"

"我也观察到了这个现象。"方晴回答,"我来分享一下自己的理解,供你参考吧。"以下是我对方晴讲述内容的概括。

职场基层员工会认为上级在 PUA,在方晴看来,有三个层面的原因。

首先是代际价值观的差异。

Z 世代员工在职场中的占比越来越高,在前面我们已经讨论过他们的典型特点。Z 世代员工更追求个人价值的实现,更具独立意识,他们更喜欢平等、尊重、透明的工作氛围,他们会大声喊出"我不想当工具人",所以,他们也会更警惕,自己是不是在被权威人群、被上位者 PUA。

其次是经济周期带来的影响。

80 后是赶上了移动互联网高速发展红利期的一代,对他们来说,在职场多加班、早升职、多拿年终奖,就可以多积累一些存款。当马云说"996[1]是福报"时,从某种程度来讲,部分 80 后也许是愿意相信的,也的确有一部分人在拼命"996"几年后,伴

---

[1] 互联网流行用语,指早上 9 点上班,晚上 9 点下班,一周工作 6 天。——编者注

随着公司上市获得了财务自由，实现了财富跃升。但对于当下的95 后来说，时代已经处于不同的发展周期，管理者再跟他们谈"努力工作、勤奋才会有收获"之类的话，他们就难免会觉得是在被 PUA。

最后一个原因，在管理者身上。

有一部分管理者，的确是带了操纵的意图。他们的发心就是希望通过打压、贬损、捧高踩低等手段来实现对下属的控制，这的确就是在 PUA。但还有很大一部分管理者，其实发心并不坏，但欠缺领导力，他们不知道如何传达负面反馈，没有做到对事不对人，在反馈时对下属的"特质"甚至是"人格"进行了评判，就会让下属产生"被 PUA"的感受。

总结一下，想要避免下属有"被 PUA"的感受，一是注意管理者自身的发心，我们在指出下属的问题时，并不是想要证明下属有多差、自己有多厉害，而是为了帮助他做出改进，从而更好地共同解决问题。二是注意表达的方式与技巧，前面讲到的"ABC+C"就是可以采用的表达结构。

■ 戴上"教练"这顶帽子给反馈 ▶▶▶▶▶▶▶▶▶▶▶▶▶▶▶▶▶▶▶▶

第一个问题得到了解答，我又提出了第二个问题："我们前面沟通时，您讲过关于教练的应用场景。我记得我们当时也提到过，当下属完成一个任务后，我们可以用教练的方式来提问，让他们自己总结做得好和不好的地方。那这个过程和给反馈的关系是什么呢？"

"特别好的问题。"方晴对我的思考表示了肯定。接着，她解释道："在给反馈这件事上，可以分成几个不同的层次。第一层，是无反馈。第二层，是笼统的、不具体的，或是指向特质的反馈，这两种方式对下属都是没有帮助的。第三层，是具体的、聚焦于行为的反馈，会对下属产生积极的影响。第四层，叫作生成式反馈，就是用教练的方式给反馈。我们可以问下属：你觉得结果达到了预期吗？做得好的地方有哪些？需要改进的有哪些？你还希望我在哪些部分给出建议？在这个过程中，反馈是下属和你在探索过程中生成的、共创的，对下属的帮助也就更大。"（见图7-2）

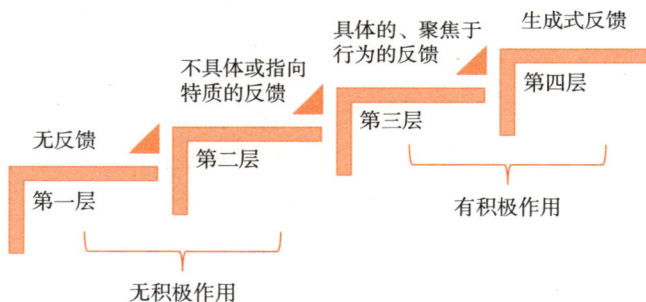

图7-2　反馈的层次

"我理解了。"我点点头，"什么时候直接给反馈，什么时候给生成式反馈，也需要根据下属的成熟度、任务的紧急程度去做判断。"

"非常对，你已经充分领悟了什么是有意识的选择。"方晴说，"那我们今天就聊到这儿。老规矩，还是想问一下，你下周的行动计划是什么呢？"

我回答："这次的行动计划很简单，就是把您刚刚讲的"ABC+C"用在日常沟通中，至少用一次。"

"好的，那期待你的应用成果。"方晴一如既往地给予了我鼓励，然后退出了在线会议。

面谈后的行动

周一开完晨会，我把"ABC+C"写在了一张便利贴上，贴在笔记本外壳上。这一周，我要刻意练习"如何具体、平衡、准确地给下属反馈"。

我发现便利贴的提示很有用，每当下属对我进行阶段性工作汇报时，我都会整理一下思绪，提醒自己尽量按"ABC+C"的结构给出反馈。遇到成熟度更高的下属，我也会尝试用提问的方式给出生成式反馈。

尝试几次之后，我愈加感受到了"给反馈"的价值。之前，下属改过一稿达不到我的要求，再改还是不行时，我总是会生闷气，觉得他们理解能力不行，无奈地自己接手去改完。现在，我发现当我反馈得足够清晰时，下属们调整偏差的速度与准确性都提高了。不过，在冯君身上，这种变化还是没有发生。哎，怎么才能带好这个下属呢？我有点头疼。

知识卡片

一 给反馈的核心原则

○ **聚焦于行为与事实**

反馈应基于行为与事实，避免对下属的人格和特质进行评判。

○ **平衡表达**

既要讲做得好的部分，也要讲需要改进的部分。

○ **突出重点**

帮助员工理解有哪些行为需要保持，哪些行为需要调整。不要因为担心伤害下属的感受而将负面反馈模糊化。

○ **调整频道**

根据下属的沟通风格与偏好适度调整表达方式。

二 反馈的表达方式

A，appreciate：表达欣赏

B，behavior：描述正面行为　　　C，consequence：描述积极结果

B，behavior：描述待改进行为　　C，consequence：描述消极结果

C，change：期待的改变

三　反馈的层次

表 7-1 展示了不同层次的反馈对比。

表 7-1　不同层次的反馈对比

层次	具体行为或语言	影响
层次一：无反馈	• 看到下属的问题，不做任何表达	• 下属的问题或偏差无法得到纠正
层次二：不具体或指向特质的反馈	• 干得挺好 • 这个活儿质量不行呀 • 你太不认真了 • 你缺乏责任心	• 下属不知道哪些行为需要保持，哪些行为需要调整与改进 • 下属感受到"对人"的评价，可能会引发负面情绪
层次三：具体的、聚焦于行为的反馈	• 这次复盘报告中出现了两处逻辑错误，分别是…… • 你在跟客户交流时对于××模块的功能描述不准确……	• 下属清晰地获知哪些行为应继续保持，哪些行为需要调整与改进 • 下属不会感受到"对人"的负面评价
层次四：生成式反馈	• 你希望我在哪些方面给你提供建议 • 你认为哪些步骤可以改进 • （在听到下属回答后）我再提供一些补充信息，可以吗	• 下属清晰地获知哪些行为应继续保持，哪些行为需要调整与改进 • 下属自己探索改进方向，会更有成就感与承诺感

　　管理者需要练习给出层次三和层次四反馈的技能，同时，可以根据下属的成熟度、任务的紧急程度去选择给出何种层次的反馈。

回想你的日常管理场景，当下属的工作出现偏差时，你会如何与他们沟通？

1. 你的反馈是针对特质，还是针对具体的行为与事实的？

2. 你是否能做到平衡地表达，既谈到需要保持的部分，也谈到需要改进的部分？

3. 如果用"ABC+C"的方式去做一次反馈，你会怎么说？

4. 在哪些场景中，你可以戴上"教练"这顶帽子给反馈？你会问出哪些问题？

08

招到“成年人”

◀◀◀ 招人要慢，辞退要快 ▶▶▶

> 我们只招成年人。
>
> ——《奈飞文化手册》

接下来是忙到四脚朝天的一个月。由于新品上市的时间临时调整，我们整个部门的工作节奏都被按了加速键。

我跟方晴商量了一下，决定暂停我们每周一次的辅导。她在微信上跟我说：“实战是最好的学习，这个月正好可以在真实管理场景中体会一下前期我们共同讨论的原则与方法。越是忙碌，越要想清楚再出手。我们一个月之后再约。”

我听从了方晴的建议，每次遇到突发状况，都会提醒自己，先深呼吸，别急着行动，想一想此刻我应该戴上哪一顶帽子，做出哪些有意识的选择。在忙碌的节奏中，当看到下属的工作成果不合格时，常常会有一股小火苗蹿上心头，但我也会提醒自己，先深呼吸，别急着去评价，想想是哪里出了问题，怎么给反馈才能帮助我们更快地解决问题。

刻意练习了一段时间之后，我能感觉到自己沉稳了一些。最近和大多数下属的沟通都变得越来越顺畅，但仍有一个例外，就是冯君。我尝试着询问与理解他的需求，以求增进我们之间的信任关系，也在每次给予反馈时尽量讲述事实、聚焦行为，但我们之间的沟通还是磕磕绊绊，很多任务经过数次返工，仍达不到合格线，他还常常梗着脖子跟我辩论，认为自己的想法没问题。我对他的耐心消耗殆尽。

项目节奏太过紧张，我只好先采取了临时的处理策略，把原属于冯君的一些复杂工作任务接手过来自己干，或再布置给其他下属，只把一些相对简单可控的工作任务布置给他。我能察觉到他对这样的安排有情绪，但我想先冷处理一下，把这个大项目撑过去再说。

一个月过去了，离新品上线仅剩两周，各项工作基本在正轨上推进，我总算小小地松了口气。这个周末终于不用加班了，我约了方晴见面。这一次，我打算聊聊冯君的问题。

面谈

这一周，我们约在第一次见面的咖啡馆。

这次我来得早，方晴还没到。我点好咖啡，在窗边的位置坐下。想起第一次来这儿时还刚入春，窗外的树还光秃秃的。现在已是盛夏，窗外枝繁叶茂，阳光透过树冠的缝隙，洒在窗边。原来，我已经当经理这么久了。跟三个月前的我相比，我对"管理者"这个岗位的认知、体会、经验都有了质的改变。

方晴准时而来，打破了我的沉思。

"一个月没见，感觉如何？"方晴一边坐下，一边问我。

"忙，加班很多，但我也一直在刻意练习我们前期讨论的管理方法，渐渐找到了感觉。"我回答，"但还是有个员工让我很是头疼，今天就想跟您讨论一下他的情况。"

"好呀，愿闻其详。"方晴说。

我简要地为方晴介绍了最近和冯君的沟通情况。方晴对他还有印象，她说："一个月之前，你也提到过和冯君的互动。当时，我能感受到你们之间的信任关系比较薄弱。听完你介绍这一个月做出的努力，我很认同你现在的处理方式。那么，等这个大项目忙完，你打算怎么安排冯君的工作呢？"

"我也没想好，"我挠了挠头，"坦白说，我有点不太想用他了。他还在试用期内，我在考虑终止试用。但我又有点犹豫，是不是我没把人用好？是不是我还可以再调整一下管理方式？"

"反思自我是一个好习惯，"方晴回应道，"但也不必过度反思，把责任都揽到自己身上。我了解的信息有限，无法判断冯君是否还值得再挽救一下，但我可以给你一些判断标准。你听完这些标准，再来做个决定，如何？"

我点了点头。

■ 从冰山模型来理解评估要素 ▶▶▶▶▶▶▶▶▶▶▶▶▶▶▶▶▶▶▶

方晴打开电脑，翻出了一页 PPT，开始讲解："作为管理者，当我们去观察与判断一个员工是否可以胜任时，需要同时考虑这些不同的因素。其中，经验、知识、技能是相对容易观察到的，就像一座冰山露在水面上的部分。能力有些易于观察，有些需要通过深入的提问和评估才能观察，所以我把它们放在了水面交界处下方。人是复杂的，水面下还有很多因素是较难观察和评估的，但这些因素在很大程度上会影响员工的行为表现。"（见图 8-1）

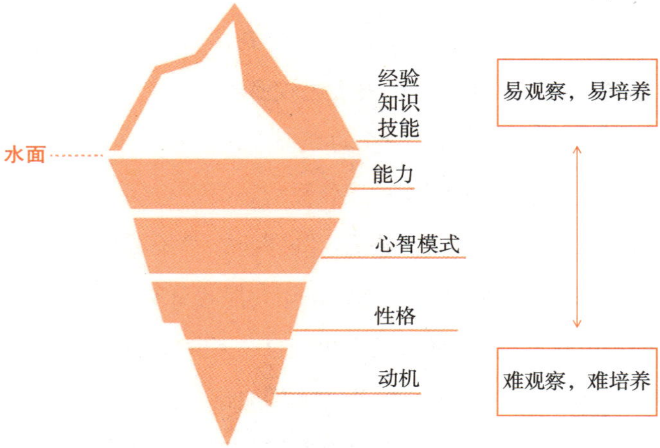

图 8-1　评估胜任的冰山模型

我认真看了图片，回应道："经验是指他过往做过哪些项目、涉足过哪些行业；知识就是他知道什么；技能和能力就是他会干什么，我的理解对吗？"

方晴说："对，你用很朴素的方式解读了这些概念。我再举个例子，我能给你讲清楚蛙泳的动作要领，这是我的知识；但下了水我还是只能瞎扑腾，这说明我没有掌握蛙泳技能；经过练习，我初步掌握了蛙泳的技能，但游得很慢、游一会儿就很累，这是因为我的运动能力、肢体协调能力都不够好。这就是知识、技能、能力的区别。管理者在招聘时常会有个误区，就是把这三者混淆，一听候选人讲得头头是道，就觉得他肯定会干。实际上，他可能只掌握了知识，却缺乏技能和能力。"

"没错，"方晴这句话点到了我的痛处，我不得不承认，"招冯君时，我就陷入了这个误区。他之前在一家母婴企业的市场部，经历过从 0 到 1 的新媒体部门组建历程。在面试时，我问了他一些专业问题，他回答得还不错。我当时还挺开心，觉得捡到宝了。结果，一到要干活时，才发现他只会一些花架子。"

方晴笑了："这就是只看过猪跑，没吃过猪肉。对吧？但至少说明，他还是比较聪明的，看过之后能把表面道理讲得比较清楚。"

"是的。也是因为我招他的时候太着急了，其实他的花架子是经不起追问的。"我懊悔地说。

"有了这个领悟，以后招人时就再多问些问题。候选人到底是看过，还是做过，通过几轮深挖的问题就能判断出来。我们讲完冰山模型，也可以再一起讨论一下提问与甄别的技巧。"方晴说。

"好的。水面上的几个因素我理解了，我们接着讲水面下的部分吧。"

方晴点点头，继续她的讲解："水面下的几个因素分别是心智模式、性格、动机。其中，性格是指我们在行为上的一些稳定性偏好，例如我们常说的内向、外向。动机是最深层次的驱动力，心理学家麦克利兰提出人具有三类社会性动机，分别是成就动机、权力动机、亲和动机。一个人亲和动机强，就会更有意愿去和周围的人产生情感连接；权力动机强，就会更希望支配与影响他人。性格和动机都是在我们人生早期就形成的，除非碰上一些重大的人生事件，不然是很难发生变化的。可以说，它们是我们每个人的底色。我们在做职业选择时，可以考虑性格、动机与岗位的适配度，如果适配度低，我们就容易在工作中觉得特别拧巴。例如，一个权力动机非常低的人，要去就任一个高管的岗位，即使他的知识、技能都符合要求、可以胜任，他自己也可能会觉得不快乐，因为这不是他享受的工作状态。

"在我看来，你在面试基层员工时，可以关注这些因素，但它们不是我今天想讨论的重点。我今天想重点聊聊心智成熟度这个概念，因为根据我的初步判断，冯君的问题可能是心智成熟度还不够。"

▎如何观察候选人的心智成熟度 ▶▶▶▶▶▶▶▶▶▶▶▶▶▶▶▶▶▶▶▶▶

刚刚的信息量有点大，我消化了一会儿，理解了方晴的意思。我问道："我也听我的上级说过，职业生涯发展到后期，学习知识和技能的作用就变得有限了，心智成熟度的提升会显得更重要。但我还真没好好思考过什么是心智成熟度，您给我介绍一下吧。"

　　"好的，"方晴说，"简单地说，心智是指我们如何理解和解释人、事、物的运作方式，它决定了我们如何看待问题，也影响着我们在复杂环境中如何行动。心智越成熟，我们就越会具备多元的观点与视角，可以关注到不同人、不同群体的立场与视角，也可以更开放、更包容，愿意通过别人的观点来更新自己的思维系统。

　　"根据不同的成熟度，人们的'心智结构'体现为四个不同的层次，分别是以我为尊、规范主导、自主导向和内观自变[1]。（见图 8-2）我们来分别了解一下四个层次的特点。

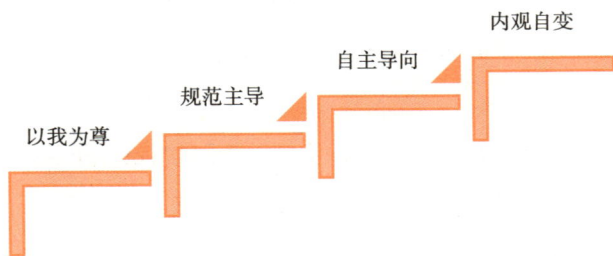

图 8-2　心智结构的四个层次

　　"以我为尊层次的核心特点是只接受自己的观点，只在意自己想要什么，不在意也不关注别人怎么想。这种心智结构更常见于儿童和青少年群体，但研究结果显示，仍有约 13% 的成年人处在这个层次。他们无法站在别人的角度思考，执着于自己所秉持的

---

[1] 关于心智结构的理论，出自《领导者的意识进化》一书，作者为珍妮弗·加维·贝格。她师从于哈佛大学心理学教授罗伯特·凯根，并在凯根的理论基础上提出了心智结构发展的四个层次。

理念，在他们眼里，跟自己观点不同的人都很愚昧，不能满足自己利益和需求的人都是坏人。我们可以用'职场巨婴'来描述这种心智结构的成年人。当我们作为管理者去与'以我为尊'心智结构的人合作时，我们可能会觉得他们有一些难以改变的性格瑕疵。事实上，他们只是受到了心智发展层次的限制，如果有合适的环境和条件，他们是可以向下个层次发展的。"

"没错，冯君就有这些特点。"我拼命点头，"在我指出他的问题时，他常常梗着脖子跟我辩论，感觉全世界只有他自己最有道理。我收回交给他的任务时，我感觉他的表情就是在嘲笑我的智商。"

方晴乐了："那你还能在他身上花这么多时间，你也真的是很有耐心了。"

我有点不好意思："可能是不太愿意承认自己在招聘时看走眼了吧，总想着也许换个沟通方式，没准还能磨合一下。"

"那我继续介绍后面三个层次，"方晴说，"规范主导层次的核心特点可以用三个字来概括：守规矩。当然，对每个人来说，'规矩'是不一样的，可能是他所认可的权威，某个他所信任的领导者、某本书中的理论、某个组织或群体的规范等。在学校的好学生，或是初入职场的好员工，通常都处在这个成长阶段，他们身上常见的标签是'踏实、靠谱、有责任心'，他们常常愿意放弃自己的某些个人利益，来满足团队或组织的期待。在判断标准相对单一的环境中，处于规范主导层次的人其实是可以过得挺好的。但他们面临的挑战在于，当环境变复杂、标准变得多元时，他们就容易陷入纠结和内耗。他们也是最容易陷入过度反思的群体。"

我点点头："听起来，我就正处在这个层次。您继续。"

"规范主导是最常见的成年人心智结构。研究数据表明，约有 46% 的成年人处于规范主导的层次，或者处在规范主导与自主导向之间的地带。"方晴继续讲解，"自主导向层次的核心特点是，有自己清晰的价值判断标准，知道自己要什么，同时也能站在别人的视角思考问题。当你处在这个层次时，你不会再迷信或盲从某个外部权威，把他奉为圭臬，而会有选择性地接收信息或接受建议。例如，对于某个专家或某个领导，你很欣赏或信任他，在过往也认为他说的都是对的，但有一天，当他的某个观点与你的相悖时，你会尝试进行分析与思辨，或是再多问问其他人的想法，而不是一股脑接受。在职场的合作中，当你听到不同的观点时，你也许会觉得麻烦或不太开心，但还是愿意站在对方的视角来重新审视这个问题，并思考哪个观点、哪种做法能更好地帮助自己达成目标。在做出行动选择时，你会拥有一套属于自己的价值系统，并以此来指导自己的选择，你也愿意承担每个选择背后的代价。"

我想了想，又表达了新的感受："我应该是处在规范主导往自主导向进发的阶段。您刚刚讲到的自主导向层次的典型特点，我有时能做到，有时不能。"

方晴回应道："你能有这份自我觉察，真的很棒。当我们观察到自己处在哪个层次时，往往就能够知道自己被卡在哪儿了，也就迎来了向下个层次成长的契机。要成为一个优秀的管理者，的确需要成长到稳定的自主导向层次。下一个层次是内观自变，这是非常罕见的心智结构。根据研究数据推断，只有不到 1% 的人发展到了这个层次。处在内观自变层次的人很少用绝对的二分法来分析问题，他们更相信黑与白之间其实存在不同深浅的灰阶。当他们听到不同的观点或遭到挑战时，他们不但不会恼火，反而会抱有开放和好奇的心态，随时乐意去更新自己的价值体系。他们很少有钻进死胡同的感觉。"

"古人说闻过则喜，也是在表达这个意思吧。"我说。

"是的。"方晴回答，"桥水基金的创始人瑞·达利欧曾经在《原则》一书中描述了一种叫作'头脑极度开放'的状态，我觉得也和'内观自变'的心智结构不谋而合。他在书中提道：'头脑极度开放是一种能力：有效地探析各种不同观点和不同的可能性，而不是让你的自我意识或思维盲点阻碍你。这需要你克服对自己始终正确的渴望，愉悦地探求事实。'"

我在心里又梳理了一下四个层次的特点，问出了内心的疑问："我的初步判断是冯君的心智结构还处在以我为尊的层次。那作为管理者，我是不是需要帮助他向下一个层次突破？怎么才能帮他突破呢？"

方晴说："心智成长是需要历练与契机的。当处在以我为尊层次的职场人经历过一些现实的毒打后，他可能会意识到外部世界太复杂，只去讨论对错是不够的；或者生命中出现了对他来说重要的人，使他有了动力去理解他人，开始愿意尝试站在他人的视角去看待问题。这时，他就迎来了向下一个层次转变的契机。但这种契机，可遇不可求。如果管理者希望帮助下属去完成这种突破，是要花很多心思和时间的。所以，我想问你一个问题，你认为冯君值得你去花这些时间吗？"

我沉吟了好大一会儿，才说出了心中的答案："不值得。"

"是的。"方晴说，"对于管理者来说，辅导与发展下属是我们必须承担的责任，但我的建议是，发展他们的技能与能力，帮助他们去积累经验。心智模式是较难发展的，需要在选拔阶段来观察和筛选。硅谷的奈飞公司有一句话在业界广为流传，叫作'我们只招成年人'，也是在表达这个意思。"

▍招人要慢，辞退要快 ▶▶▶▶▶▶▶▶▶▶▶▶▶▶▶▶▶▶▶▶▶

经过刚刚的对话，关于是否要终止冯君的试用，我在心里也有了决定。

方晴似乎看到了我的内心活动，她问："所以，关于冯君的下一步安排，你有答案了吗？"

"有了，"此刻，我的语气变得坚定，"要承认自己在招聘时犯了错，我决定及时止损，终止他的试用。"

方晴回应道："对于管理者来说，辅导、激励、授权、淘汰、换岗都是可选的管理动作。如果已经判断出某个下属不适合你的团队，就应该及时淘汰或为他安排其他适合的岗位。好好说分手，是对双方都负责的表现。所以我们常说：Fire quickly, Hire slowly——招聘要慢，辞退要快。"

"辞退要快。"我又重复了一遍这四个字，体会着它的含义。另一个问题又浮上心头："那如何理解招聘要慢呢？"

"你招冯君时，用了多久来面试？"方晴没有急于回答我的问题。

"大约 40 分钟吧。"我回想了一下，"当时看到他有相应的经验，表达也很流畅，很快我就决定要录用他了。"

"你的操作方式就是招聘要慢的反面教材。"方晴毫不留情地点破我的问题，"对于管理者而言，每招进一个人都需要很慎重。有些管理者总想着反正还有试用期，来了再慢慢观察，相信你也发现了，招错了人，会有反复的低效沟通，甚至还有终止试用的谈话与拉扯，这些都要消耗管理者宝贵的时间。在面试时，你多花一小时，有可能会省下未来的几十小时。"

我叹了口气，相当后悔当时的草率。

方晴接着说："对于新经理来说，招对人的确不是容易的事。我在做管理者时也招错过人，而且不止一次，这都是我们成长路上必经的过程。"

这席话让我感到了一些宽慰。

▌ 行为面试法，帮你准确评估候选人 ▶▶▶▶▶▶▶▶▶▶▶▶▶▶▶▶▶

聊完冯君的事，我又提出了新的问题："那我们讲讲怎么面试吧。怎么才能在招聘时判断候选人是不是有相应的技能？怎么在招聘时观察到候选人的心智成熟度呢？"

"好呀，"方晴说，"我来介绍一种面试方法，叫作行为面试法。这种方法有两个理论前提：第一，一个人过去的行为能预测未来的行为；第二，会说与会做是两回事。所以，我们要尽量通过提问去了解他过去在工作中的实际表现，而不是考察他的口头知识。用好行为面试法有两个关键点，一个是设计好一个初始问题，这个问题和你想考察的因素要密切相关；另一个是学会用 STAR 的结构来进行追问。我们先来聊聊如何设计初始问题。例如，你想了解这位候选人是否有学习能力，你会怎么问呢？"

"问他看过什么书，听过哪些课。"我迟疑着说出答案，内心也觉得这个问题不怎么样。

"可以，但不够好。"方晴说，"你可以想想，学习能力强的人会有什么样的表现呢？他们在遇到一个没做过的任务时，通常会充满钻研的动力，会愿意去跟不同的人去请教，不断尝试新做法。那么，你的问题就要考察他在这些场景中是否会有这样的行为表现。所以，初始问题可以是——在过往的工作中，你有没有遇到过全新的、自己不熟悉的工作任务？当时你是怎么做的？"

"候选人有可能会给你讲一个笼统的故事，这些故事有可能是虚构的，所以，你还需要再不断追问，通过细节去判断他是否真的经历过这样的场景，是否真的有过那些行为表现。追问时，可以用 STAR 的结构。"方晴边说，边打开一页表格（表 8-1）递给我。

表 8-1　用 STAR 结构进行提问

考察项：学习能力	
初始问题：在过往的工作中，你有没有遇到过全新的、自己不熟悉的工作任务？当时你是怎么做的？	
追问问题	
S：situation，背景	• 这件事发生在什么时候？ • 你的上级对你有哪些要求？

（续表）

T：task，任务	• 你要解决的具体任务（问题）是什么？要实现什么目标？
A：action，行为	• 接到任务后你都做了什么？ • 你用了多久获得完成任务所需的知识？（追问细节） • 你请教了哪些人？哪些建议对你有帮助？（追问细节，顺便考察专业判断力） • 你遇到什么阻碍了吗？你是如何处理的？（顺便考验坚韧性）
R：result，结果	• 最后任务完成的结果如何？ • （如果回答是成功）有哪些数据指标验证了你的成功？ • 你的上级、客户、其他利益相关者是如何评价这项任务的？

我认真看完这张表，接着提问："这样一轮问题问完，的确能够看出他是真的做过，还是空有花架子了。但是，我如果需要考察七八项技能，每个都这么问一遍，那这面试得花多久啊？"

方晴回答道："通常情况下，2~3 个场景，就可以帮你做出深入的观察与评估了。你可以选 3 个必须考察的能力去设计问题，在追问过程中去做全面观察。你看，刚刚这个问题虽然是考察学习能力的，但追问细节时，你对他的专业性、坚韧性都会所有了解。"

我点点头说："我下次面试时试一试，要在实战中体会。用行为面试法可以考察候选人的技能与能力，那心智成熟度怎么评估呢？"

"还是这个思路。"方晴说，"我们先来想想，在哪些场景中，可以观察到一个人心智是否成熟呢？"

"在冲突中？在和别人观点不同时？"我脱口而出。

"没错，"方晴肯定了我的答案，"在和他人观点不同时，以我为尊的人会认为只有自己才是绝对正确的，心智成熟度更高的人会愿意站在他人视角看待问题，处在规范导向层次的人会容易被权威影响，而处在自主导向层次的人虽然倾向于坚持自己的结论，但也会尝试听取不同观点，并考虑他人观点的合理性。"

"所以，我可以问，在之前的工作中，有没有遇到过和上级或同事观点不一致的时候？当时的背景是什么？你是如何处理的？"我在方晴的启发下提出了自己的想法。

"特别好，"方晴说，"但要注意的是，有些候选人会有一些掩饰和伪装，所以还是要多追问一些细节，例如问别人的观点是什么，他们为什么会有那样的观点，以及判断的标准是什么。在不断的追问下，你就会对候选人的心智模式有更准确的观察。"

"另外，还可以问一些与失败相关的问题。"方晴继续说，"心智成熟度越高的人，在失败面前越能做出客观的归因；反之，就会觉得都是别人和客观环境不给力。"

"那就问，能否介绍一个在过去工作经历中做得不够成功的任务或项目？再追问，你当时的职责是什么？为什么你会认为这个项目不成功？出现问题时你是怎么做的？"

"非常好。"方晴说，"看来你已经掌握这种提问方式了。"

"我掌握了知识，但还没掌握技能。"我现学现卖，"我需要多练习，再体会。"

方晴笑了："那我们今天就聊到这儿，可以吗？老规矩，你的行动计划是什么？"

"一是在项目结束后跟冯君谈终止试用的事，二是把关于行为面试法的内容总结成笔记，在下一次面试时就用起来。"我说。

"好的，那我再给一个小提醒，"方晴说，"进行终止试用的面谈时，也需要聚集在事实、数据和不合格的具体行为上，不要给一些笼统的评价，不然很容易激发对方的消极情绪，这样就会谈崩。"

"好的，我会好好准备资料，也会跟 HR 提前沟通好，再去做这次面谈。"我收下了这个重要的提醒。

面谈后的行动

周一下午，在跟张鹏汇报完上周工作进展后，我把会议室的门关上，跟他说："鹏哥，我想跟你聊一下冯君的事。"

因为周末已经在跟方晴沟通时厘清了思路，我简明扼要地介绍了冯君不胜任的原因、具体的行为表现，也说了我准备终止试用的打算。之前在讨论工作安排时，我已经提过冯君的一些表现，张鹏对我的决定并不意外。他表示同意我的决定，最后还补充了几句："当时招冯君时，我也参与了面试，但对他了解得不够透彻，这对我也是个提醒。你去找 HR 了解清楚终止试用的流程，以及需要准备哪些资料，尽量以平和的方式来解决这个问题，避免引发冲突。"得到张鹏的支持，我像吃了颗定心丸。

在跟张鹏沟通之后，我又找到了负责支持我们部门的 HRBP[1] 李珊，跟她介绍了具体情况。李珊处理这一类问题很有经验，她提出了和方晴一样的建议，让我准备好一些事实、数据方面的信息，用以证明冯君的确不符合岗位要求。她建议由我先跟冯君进行沟通，说明终止试用的决定及原因，后续再由她来沟通如何进行手续办理和工资结算等事务性工作。

在做好了这些准备工作后，我终于决定约冯君进行正式的沟通。坦白讲，我非常紧张。我把要说的话在心里反复演练，生怕表达不当引起矛盾。冯君比我想象的要平静一些，在听完我的陈述后，他没有跟以往一样再跟我辩论，只是抛下一句："行吧，我也觉得不太想干下去了。总是得不到认可，也挺没劲的。"

这件事终于告一段落，可我并没有迎来预想中的轻松感。心头堵堵的，说不清都有哪些复杂的情绪。有些懊悔，因为自己招聘时不够严谨，给我和冯君都带来了麻烦；也有些意外，本来想好了一大堆说辞，但没想到他也早有去意；还有些失落，原来当了经理就意味着要去面对这些艰难的决策。

对我而言，这也是成长路上的重要一课。

---

[1] HRBP，全称是 human resource business partner，人力资源业务合作伙伴，是人力资源部的岗位之一，主要职责是协助各业务单元高层及经理处理与员工招聘、培养、晋升、淘汰等方面的工作。

知识卡片

一 招聘时要考量哪些要素

表 8-2 展示了招聘时要考量的要素。

表 8-2　招聘时要考量的要素

要素	示例	观察、培养的难易程度
经验	行业经验、公司规模、项目经验、管理经验等	易
知识	专业知识、行业知识、团队管理知识等	
技能 / 能力	编程技能、授课技巧、销售技巧、学习能力、沟通能力、协作能力、抗压能力……	
心智成熟度	以我为尊、规范导向、自主导向、内观自变	难

在招聘面试时，管理者需要关注冰山下的要素，越是难培养、难发展的特质，越需要在选拔环节中解决。

二 如何通过行为面试法深入考察与评估候选人

1. 设计好初始问题

○ 确定要考察的能力、技能或内在特质。

○ 分析在哪些场景中，通过哪些行为可以体现出这种能力、技能或内在特质。

○ 结合场景进行问题设计，例如：能不能介绍一个你曾经经历过的×××任务/场景？

○ 需要避免三类问题，因为这些问题考察的是候选人的知识，而不是实际的行为：

——理论类问题，如："你认为作为一个领导者，应该如何帮助下属尽快成长？"

——假设类问题，如："假如你和别人发生了冲突，你会如何处理？"

——诱导性问题，如："我们这个岗位常常需要接触新任务、新挑战，你如何评价自己的学习能力？"

2. 用 STAR 的结构进行追问

S（situation，背景）：了解候选人完成这些任务的背景信息。

T（task，任务）：了解具体的任务要求、边界、目标。

A（action，行为）：了解候选人具体的行为、举措。

R（result，结果）：了解最终的结果，是好还是不好，好是因为什么，不好又是因为什么。

3. 追问时关注细节、数据和事实

在候选人的讲述过于笼统时，对细节进行追问。

例如：

候选人：当时有个突发事件，我快速组织团队成员进行响应，最终顺利解决了。

面试者可追问：突发事件是什么？带给你们的影响是什么？你的第一步行为是什么？

按照不同的逻辑追问数据，交叉验证，从而判断候选人是否在夸大或说谎。

例如：

候选人：我们承担了公司最大的销售指标，比其他区域都要高。

面试者可追问：你们的销售指标是多少？比其他区域高出多少百分比？不同产品线的销售占比分别是多少？

在求职者一直谈主观感受时，对事实进行追问。

例如：

候选人：虽然当时对方不认同我的做法，但我觉得我的处理方式是符合公司要求的。

面试者可追问：为什么说符合公司要求？公司要求是什么？

学以致用

你目前在招聘与淘汰方面做得怎么样？结合以下问题做一下自检吧。

1.你有招错人的经历吗？如果有，请回想一下，面试时对候选人的哪些能力、技能或内在特质考察得不够深入？

2. 如果再给你一次机会，你会如何设计你的行为面试问题？

3. 你的团队中有类似冯君这样的成员吗？你是否在犹豫对他的下一步安排？结合这一章的内容，请重新评估：对于他，你会继续培养与发展，还是选择淘汰或换岗？

09

拥抱冲突

◀◀◀ 一团和气的团队是个好团队吗 ▶▶▶

> 在伟大的团队中，冲突也是卓有成效的。言论自由、思想碰撞对于创造性思维至关重要，因为没有人能够独立发现新的解决方案。
>
> ——彼得·圣吉

上次跟方晴沟通之后，她建议把下一次辅导安排在一个月之后。她说："头几次见面相对密集，可以把关于新经理的理论体系帮你做个梳理。现在基础已经打得差不多了，你需要多练习、多体会，在实战中碰到问题，我们可以再做沟通。"

没有跟方晴见面的这一个月，我又有了很多新的体验。

第一次和下属谈终止试用；第一次带领团队啃下了新品上市的重点项目；第一次收到了业务领导发的感谢邮件……

冯君离开之后，我和其他下属的沟通还算比较顺畅，但最近我发现下属们之间有时会发生冲突。有一次，我路过会议室，透过透明玻璃墙看到范雨和佩佩在争执着什么，佩佩看起来情绪非常激动，还拍了桌子。我想马上推门进去介入一下，抬起手的瞬间，脑海里又闪出一个念头："先别急。她们并没有向我寻求帮助，也许此刻并不是介入的好时机。"于是，我还是先离开了。

吃午饭时，我又观察了一下，范雨和佩佩是饭搭子，但今天她们俩却分头行动了，看来真的是闹矛盾了。我有点按捺不住，特别想去问问到底发生了什么，给她们调和一下，但又担心自己多管闲事。结果，还没等我继续操心下去，两个人已经和好如初。哎，终究是我错付了。

管理者究竟应该如何面对团队成员的冲突呢？这也是一个值得跟方晴探讨的话题。

面谈

这一周，我们约在第一次见面的咖啡馆。

熟悉的场地，加上我们之间也已经有了足够的信任，我甚至都没怎么寒暄，就把最近的感受与疑问一股脑地抛了出来。

方晴认真听完我的讲述，回应道："听起来你对团队成员之间的冲突感到有些不适，但又不知道是否应该介入，我的理解对吗？"

我点了点头。

她又问："那今天你希望解决什么问题呢？"

我梳理了一下自己的思路："我希望能探讨两个问题，第一，作为管理者是否应该介入团队成员的冲突？第二，如果应该介入，那应该怎么处理？"

▌认知冲突与情感冲突 ▶▶▶▶▶▶▶▶▶▶▶▶▶▶▶▶▶▶▶▶▶▶

方晴喝了一口咖啡，问："问题我收到了。在探讨这两个问题之前，我想先澄清一下，你认为什么是冲突？"

"就是碰撞、吵架、争执、不和？"我把能想到的和冲突相关的词都说了出来。

"没错，这些都是在冲突中我们能观察到的行为表现。"方晴说，"而行为背后，是不同的看法、利益、价值观。所以，在讨论冲突之前，我们可以先尝试把团队中的冲突做一个分类。"

方晴打开电脑，给我呈现一页 PPT，如图 9-1 所示。

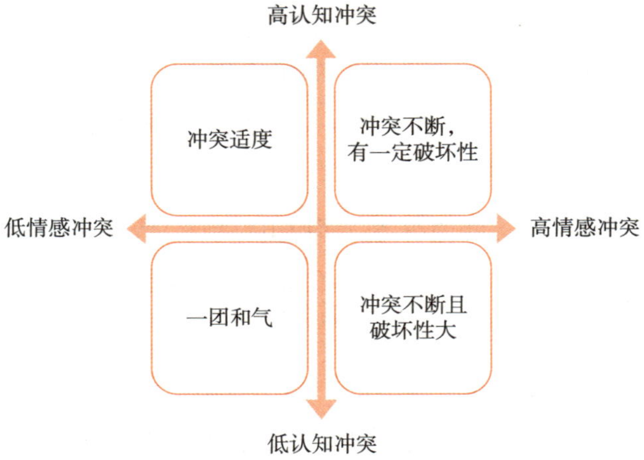

图 9-1　冲突的分类

方晴继续讲解：

"团队中的冲突通常可分为两种。一种是认知冲突，是任务导向的。认知冲突是团队成员对任务或完成任务的路径有着不同的观点造成的，但团队成员依然有共同的目标，就是都希望能更好地完成任务。另一种是情感冲突，是个体导向的，关注的焦点往往是彼此之间情感上的对立。这种冲突背后会有团队成员之间的猜疑、不信任，甚至是敌意。一个团队，如果既没有认知冲突，也没有情感冲突，呈现出的就是左下角这个状态，一团和气。你觉得这是一种理想状态吗？"

"在今天之前，我觉得没有冲突是理想状态，"我回答，"但听你把冲突这么一分类，我的想法就变了。如果团队成员之间没有观点层面的差异，那就也没有高质量的讨论了。"

"同意。"方晴说，"还有些团队，成员们其实是有不同观点的，但因为缺乏安全感，谁都不愿意说。开会时特别注意遣词造句，唯恐冒犯了别人。这样的团队，虽然呈现一团和气，但在信任关系上是很薄弱的，团队的整体绩效表现也会受到影响。"

我点了点头："那假如团队冲突处在左上角这个象限，这应该是一种良性的、健康的状态吧？"

方晴说："是的，在这个状态下，大家会有观点的碰撞、争执，但不会有人际层面的敌意。在冲突中，双方的信息交流是在不断发生的，这种冲突反而会给团队带来能量，提升团队决策的质量。当然，管理者也需要去观察与引导，帮助大家去做高质量的碰撞与讨论，避免认知冲突加剧，引发人际层面的冲突。

"接下来，我们再来看看右边这两个象限。当团队处于这两个象限时，冲突就会带来一定的破坏性。管理者就需要考虑如何帮助团队成员相互理解，建立信任，减少情感冲突。特别是对于右下角而言，如果团队长期处于此种状态，管理者和成员都会处在负面情绪之中，甚至会觉得有无力感。说实话，要带领这样的团队走出困局，是一个很艰巨的任务。讲到这儿，我想邀请你回想一下，你这段时间观察到的团队中的冲突，例如范雨和佩佩的冲突，是认知冲突呢，还是人际冲突呢？"

"是认知冲突。"我毫不犹豫地回答，"她们是饭搭子，关系不错，而且两个人都是急性子，工作又都很认真，所以讨论起问题就容易呛呛起来，但大家都是为了把事做好。"

"好的，那当你有了这个判断时，回到最初的问题，你觉得自己需要去介入吗？"方晴接着问。

"应该不需要。"我说，"但我内心还是有点不确定：如果我不介入，她们会不会转变成情感冲突呢？"

"是个好问题。那么，有哪些迹象，会让你觉得一段冲突开始从认知冲突向情感冲突转变了呢？"方晴问。

"例如，本来是针对事的讨论，开始出现了对人的攻击；冲突一直持续，无法达成共识，彼此之间开始指责、抱怨；两人除了谈工作，不再有私下的非正式沟通……"我边想边说。

方晴点了点头，用眼神鼓励我继续说。

"我知道答案了。可以在工作中观察一下两人交流的状态，如果出现了上面的迹象，那就介入。如果两人自己能解决，我就保持沉默，让子弹先飞一会儿。"

方晴说："特别好，看来你已经找到了关于第一个问题的答案。"

▌管理者应如何处理团队中的冲突 ▶▶▶▶▶▶▶▶▶▶▶▶▶▶▶

"那我们就进入下一个问题吧：如果管理者需要介入冲突，应该怎么做呢？"我提出了第二个议题。

方晴沉吟了一下，回答道："面对不同的冲突，处理方式各不相同。咱们今天没有一个特定的靶子，我就分享一些通用的原则吧。

"第一，管理者对冲突应该有理性、全面的看法。别把冲突看作洪水猛兽，要看到在团队发展的过程中，冲突有时是化解问题、带来变革的契机。当管理者缺乏这种理性认知时，可能会想要逃避冲突，或是急于介入、急于解决冲突，反而无法取得良好的效果。意识到冲突潜在的价值，才能帮助你更客观审慎地去面对冲突，不被情绪裹挟。

"第二，尝试识别冲突的根源。是存在信息差，是因为冲突双方的目标、利益不一致，还是因为彼此气场、性格不合，相互看不上？管理者需要去判断冲突背后的本质原因。如何判断呢？去提问、倾听、收集信息、澄清理解，而不是仅站在自己的视角妄下定论。

"第三，根据冲突原因选择合适的处理方案。如果冲突双方存在信息差，那就需要通过开会等正式沟通的方式进行信息共享、释疑；如果目标、利益不一致，就需要引导双方去看到更大的画面，找到更高层次的共同目标或利益；如果双方性格、气场不合，需要引导彼此理解和尊重差异，必要时，也可以采取一些隔离策略，例如调整分工。无论哪种策略，都需要建立在充分沟通的基础上，避免让冲突中的一方感觉到不公平或委屈，从而埋下隐患。

"第四，对冲突的解决过程做整体回顾。不要把冲突仅仅当成一个点状问题去解决。在冲突过后，管理者可以尝试去分析与反思：是否可以通过改善团队内部流程、调整职责分工去减少同类冲突的发生？哪些解决冲突的做法是有效的，在未来还可以应用？把冲突当成一个团队共同学习的机会，才能在冲突中促进团队的成长。"

我点了点头。这些原则听起来容易，要真的做到并不容易。在未来管理的旅程上，我再渐渐体会吧。

▌团队发展的不同阶段 ▶▶▶▶▶▶▶▶▶▶▶▶▶▶▶▶▶▶▶▶▶▶▶

方晴给了我一些时间，让我消化刚刚的内容。一段沉默之后，一些新的思绪浮上我的心头。

我记得第一次见面也是在这个咖啡馆里，我当时最大的困扰是感觉团队没有凝聚力，不像一个真正的团队。在那次沟通中，方晴给我提供了 GRPI 模型，帮助我去思考如何建设一支高效团队。我当时在方晴的指导下做了一些管理动作，也收到了一些成效，但很快，我就被各种扑面而来的项目占据了所有注意力。虽然我每天都和团队成员们在一起，但我一直沉浸在各种项目中，最近几个月从来没有思考过关于团队建设的问题。此刻，我又想起了当时的问题。我把注意力放在了团队上，脑海里冒出一串问题：

我的团队是处在良性的变化和发展中吗？

哪些地方变得更好了？

哪些地方还需要去提升？

假如戴上"领导"这顶帽子，我还需要在团队建设上做些什么？

一时间，我觉得千头万绪，我尝试着去表达自己的想法："我还想聊聊我的团队，整体来看，是在向好的方向发展。成员之间的信任度变高了，也更有默契了。当然，还是会有一些问题。我想起第一次见面，您提到管理者有四顶帽子，我最近把经理、教练、老师这几个角色扮演得还行。但刚刚我突然意识到，我似乎很少戴上'领导'这顶帽子。方晴老师，今天您能不能再从团队建设的角度给我一些建议呢？"

方晴笑了："好呀。刚才在你谈到团队中的冲突时，我恰好想到了关于团队发展不同阶段的特点。我想分享给你作为参考，你可以借用这个视角，戴上'领导'这顶帽子来思考一下：自己的团队处在什么状态？作为一个领导，我可以做些什么，让我的团队更有凝聚力？你觉得可以吗？"

"当然可以。"我回答。

方晴开始了她的讲解："当我们抽离出来去看一个团队的发展，你会发现，团队就像人、动物这些有机体一样，是有生命周期的。在不同的生命周期，团队会表现出不同的特点。布鲁斯·塔克曼曾提出关于团队发展的五个不同阶段[①]，分别是组建期（forming）、激荡期（storming）、规范期（norming）、执行期（performing）和休整期（adjourning）。我上个月在备课时，让人工智能（AI）帮我总结了五个阶段的特点，分享给你。"方晴边说边打开一个文档。

说明：以下内容由科大讯飞星火大模型协助生成，作者在 AI 生成文字基础上有部分调整。

在布鲁斯·塔克曼的团队发展理论中，组建期是团队成立之初的阶段。组建期的特点主要包括以下几个方面：

[①] 布鲁斯·塔克曼（Bruce Tuckman）于 1965 年发表了一篇题为《小型团队的发展序列》的短文，提出了团队发展的四个阶段，并在 1977 年补充了第五个阶段——休整期。

- 成员相识：团队成员在这个阶段刚开始相互认识，了解彼此的背景和技能。
- 建立关系：团队成员开始建立初步信任关系。
- 了解目标：团队的任务、目标、长期愿景在这个阶段会被明确，成员们需要理解他们要共同完成的是什么。
- 角色探索：成员们在这个阶段可能会探索自己在团队中的角色和职责，以及如何与其他成员协作。

　　总的来说，组建期是团队发展的基础阶段，它为团队的后续发展奠定基础。在这个阶段，团队领导者的指导和支持尤为重要，因为他们需要帮助团队成员建立信任，明确目标，并为接下来的工作做好准备。

经历过最初的磨合，团队会进入激荡期。激荡期的团队有如下特点：

- 分歧产生：随着工作的深入，团队成员对于如何完成任务和实现目标开始产生不同的意见和看法。
- 冲突出现：由于观点和意见的不同，团队成员之间可能会出现冲突和争执，这可能会影响到团队的氛围和协作。
- 角色模糊：在这个阶段，团队成员可能会对彼此的角色和职责产生疑问，从而导致一些误解和冲突。
- 情绪波动：冲突和分歧可能会导致团队成员的情绪波动，包括沮丧、愤怒或焦虑等负面情绪。

- 沟通挑战：在激荡期，有效的沟通尤为重要，但同时也更加困难。团队成员需要学会如何表达自己的观点，同时也要倾听和理解他人的意见。
- 寻求解决方案：虽然冲突可能导致团队陷入僵局，但同时也是推动团队向前发展的机会。通过寻找解决冲突的方法，团队可以学会如何更好地协作和解决问题。

　　总的来说，这个阶段可能会带来挑战，但同时也是团队成长和进步的机会。通过有效地解决冲突，团队可以建立更加坚实的基础，为后续的规范期和执行期做好准备。

在规范期，团队的特点通常包括：

- 共识形成：经过了激荡期的震荡，团队成员开始就如何合作和解决问题达成共识，建立起一套共同的工作规范和标准。
- 角色明确：成员们在这一阶段更加清楚自己在团队中的角色和责任，之前可能存在的角色模糊和职责重叠现象会减少。
- 凝聚力更强：随着共同规范的形成，团队成员之间的凝聚力增强，他们开始更加团结，共同为实现团队目标而努力。
- 效率提升：由于有了明确的工作规范、流程、职责分工，团队的工作效率得到提升，能够更有效地完成任务。

- 相互支持：在规范期，团队成员之间的支持和帮助变得更加普遍，大家愿意为共同的目标贡献自己的力量。

总的来说，规范期是团队从成立到成熟的过渡阶段，它标志着团队已经克服了初期的困难，开始进入更加稳定和高效的运作状态。如果团队继续向良性状态发展，就会进入执行期。

在执行期，团队的特点通常包括：

- 高效的运作：团队在这个阶段能够高效地协作，完成任务和面对挑战。成员们对各自的职责和任务有清晰的认识，能够迅速行动，无须进行过多指导或监督。

- 成熟的沟通：团队成员之间的沟通变得成熟且高效，他们能够自由地交流想法和反馈，解决问题的能力也得到了增强。

- 自我管理：团队在这个阶段能够自我管理和自我纠正，成员们能够独立处理内部问题，无须外部干预。

- 强大的执行力：团队具备强大的执行力，能够迅速响应变化，适应新情况，同时保持目标不变。

- 优化与创新：团队不断寻求改进流程和提高效率的方法，同时也愿意尝试工作方式创新与技术创新。

总的来说，执行期是团队发展的顶峰阶段，团队能够在各种情况下保持稳定和高效的输出。这一阶段也是团队领导者逐步减少直接干预，让团队自行运作的时期。

休整期，也称为"解散期"或"终结期"，是在团队完成了既定任务后进入的阶段。在这个阶段，团队的特点通常包括以下几个方面：

- 任务完成感：团队成员可能会有一种松懈感，因为他们已经实现了目标，同时可能会伴随着成就感和满足感。

- 情绪复杂：成员们可能会体验到一系列复杂的情绪，包括高兴、悲伤、失落或是解脱，因为团队即将解散，他们即将告别彼此。

- 关系重塑：在长时间的合作之后，团队成员之间的关系可能已经非常紧密，休整期可能需要他们重新调整这些关系，以适应团队解散后的新环境。

- 未来规划：团队成员可能会开始考虑自己的未来，包括他们在团队中的经历如何影响他们的职业发展，以及他们下一步的职业道路。

- 经验总结：这是一个回顾和反思的过程，团队和个人都会总结经验教训，这些经验对于未来的工作和团队合作都是宝贵的。

- 庆祝成就：团队可能会举行庆祝活动来标志项目的完成

和团队的成功，这有助于加深成员之间的友谊。

总的来说，休整期是团队发展的最后阶段。虽然这个阶段可能会带来一些不确定性和情感上的挑战，但它也是团队成员个人成长和职业发展的重要时期。

▍管理者在团队发展不同阶段的关注点 ►►►►►►►►►►►►►►►►

看完这份文档，我感觉找到了一条线索，把脑子里那些纷乱的思绪串了起来。我迫不及待地开始和方晴探讨我的感悟：

"我觉得我带领的团队正处在从形成期向激荡期过渡的阶段。回想起来，您在第一次面谈时指导我做的那些管理动作，都是非常适用于形成期团队的，例如在团队中达成目标与愿景的共识、帮助大家相互了解、初步构建信任关系，等等。我现在去回顾这些动作，就更深入地理解了它们的价值和意义。"

"我原本以为，在度过了最初的形成阶段后，就会迎来一道上扬的曲线，团队会越来越有战斗力、默契度会越来越高。看完塔克曼的理论，我才意识到，原来前面还有激荡期这么个大坑在等着我呢。"我苦笑道，"这个激荡期是所有团队都必然会经历的吗？"

"好问题。"方晴说，"并不是所有团队都必然会经历激荡期，这与团队管理者的管理方式、团队成员的成熟度、外部环境等因素密切相关。某些团队有可能在成立之初就建立了良好的沟通和协作机制，团队成员成熟度和默契度又恰好比较高，就会直接进入规范期，或度过一个非常短暂、不太明显的激荡期。不过坦白讲，这是一个非常理想化的状态。在我做管理和做顾问这十几年里，我很少见到这样的团队。但是，激荡期并不可怕，对于团队管理者和成员而言，这也是一个磨合和学习的机会，在冲突中发现问题、建立规范、解决问题，团队也会在这个过程中发展和成长。"

我点了点头："这么看来，范雨和佩佩的冲突还只是激荡期的小小苗头，我接下来可能会迎接更多挑战。"

方晴接着我的话提问："那你觉得会有哪些挑战呢？"

我边想边说："第一，是日常沟通中的冲突还会逐渐爆发。团队刚组建时，大家还不太熟，说话都还会考虑措辞，有时有不同想法也未必会说出来。现在大家信任度高了，说话也更直接了。再加上任务一多，情绪上就容易烦躁，说话就更不注意了。这未必是坏事，就像您刚刚说的，敢表达才能有高质量的讨论，但我也需要关注这些冲突，及时引导，避免从认知冲突过渡到情感冲突。"

"很好，继续。"方晴说。

"第二，是职责与分工的问题。我们部门现在采用的是项目制，每个项目来了，我来根据大家的能力特点和忙闲程度进行分工，目前运转下来磨合得还凑合，但长期来看，还是会有风险的。大家对自己在团队中长期的角色定位、工作职责是不清晰的，有些新鲜的、有挑战性的项目大家都想干，也没有一个合理明确的分配机制。这些问题都会在未来逐步暴露出来，带来一些新的冲突。如果处理不好，也会引发团队成员之间的敌意。"

"那针对这个问题，你准备做些什么呢？"方晴问。

"我还没想好。忙完这一段，我想找我的上级讨论一下，听听他的建议，然后去做一些梳理与调整。"

"好的，还有其他挑战吗？"方晴接着问。

"暂时想不到了。"我回答。

"那我再给一个小建议，可以吗？"方晴说。

"当然。"我特别想听到建议。

"可以找机会组织大家一起做个性格测试，例如，可以用在你们年轻人中特别流行的 MBTI。做完之后，请大家一起分享一下测试结果。这种分享，会使团队成员之间更了解彼此的沟通风格，也更能帮助大家理解和尊重彼此的差异。举个例子，我之前有个搭档说话特别直，我开始总接受不了，总觉得她不尊重我。后面，我发现这种直接是她的风格，她并不是在针对我，也不是不尊重我，而是对所有人都一样，我就慢慢放下了对她的抵触情绪。再后来，我们成了非常好的搭档，她才告诉我，一开始她也非常不喜欢我，觉得我说话太磨叽，总绕弯子。"

"好的。这是个好办法，一方面，这种分享可以让我的下属们彼此更了解；另一方面，每个人也可以更了解自己的优势和短板，在沟通中有意识地做些调整。"我收下了方晴的建议。

方晴竖起大拇指："没错，总结得特别好。性格测试不是要给人贴标签，因为每个人都是在发展与变化的。但性格测试可以帮助我们更好地探索自己、了解别人，可以成为改善沟通策略的一个参考因素。"

"聊到这儿，我对团队下一步会面临的情况有了充分的心理准备，觉得踏实了不少。我还想再多了解一下，到了规范期、执行期，管理者应该有哪些关注点呢？虽然现在还用不上，但我可以先储备点相关知识。"我又提出了新的问题。

"好的，那我来分享一下我总结的几个关键点。"方晴说，"在规范期和执行期，管理者仍然需要关注长期愿景与目标的建立与共识，把好大方向；在执行的过程中可以适度后退、放手和授权，充分发挥团队成员的自主性；同时，管理者还需要关注团队文化的建设，让团队成员充分了解团队鼓励什么样的行为、不鼓励什么样的行为，这种文化带来的作用是潜移默化的；最后，处在执行期的管理者，有了更多精力，也可以在团队未来创新和变革的方向上多做一些思考，带领团队进一步突破。"

"好的，我先记下来，以后用到时再来翻笔记。"我快速记下了方晴说的要点，"还有个问题，并不是所有团队都会经历规范期、执行期，对吗？"

方晴点了点头："是的，如果管理者没能带领团队顺利渡过激荡期，或是遇到外部不可控因素，例如公司战略调整、组织架构调整等，有些团队会直接进入终结期。"

不知不觉间，一小时又过去了。我在方晴的引导下，总结了接下来的三个行动计划：

1. 观察团队成员在冲突中的表现，适时介入；
2. 在团队中组织大家分享自己的性格测试结果；

3.思考团队成员角色与职责定位的问题，并约张鹏做个
　沟通。

华灯初上时，我离开咖啡馆踏上回家的路。彼时，我对团队未来的发展充满着想象与憧憬，我并不知道，有一场重大的考验正在前方等待着我。

面谈后的行动

接下来的一周，我的三个行动计划都得到了执行。

好消息是，这一周尚未观察到冲突，让我的所学所用没能马上得到施展。周会后组织大家进行了性格测试和结果分享，收效不错。

坏消息是，我跟张鹏表达了自己对团队成员角色与职责定位的困惑，他的反应却完全出乎我的意料。我说想约他找个时间进一步沟通，听听他的建议，张鹏非常敷衍地说："最近事情有点多，回头再说吧。"我还想再多说几句，他却挥挥手，说接下来还有其他会议，草草结束了和我的沟通。这种反应着实不太符合张鹏以往的风格。我的一团热情像被泼了一大盆冷水，我有些失望，也有些困惑。

回家路上，跟张鹏沟通的过程又像小电影一样在我的脑海里回放了一下，我依然不知道问题到底出在哪儿。

是他觉得我想得太多了吗？

还是他最近工作压力也有点大，没心情讨论这个话题？

好吧，那就只能回头再说了。

知识卡片

一 如何区分认知冲突与情感冲突

表 9-1 展示了认知冲突与情感冲突的对比。

表 9-1 两种冲突的对比

比较点	认知冲突	情感冲突
关注点	任务、目标、方法	人的品质、行为
冲突中的行为	辩论、发表不同观点	人身攻击、推卸责任、操纵、指责
影响	建设性作用	破坏性作用

适度的认知冲突可以带来高质量的讨论，并提升决策有效性；而情感冲突则会伤害团队氛围，带来破坏性作用。管理者需要去观察和区分团队中的冲突属于哪种状态，还需要特别关注两点：

1. 识别那些包裹着认知冲突外衣的情感冲突

冲突双方看似在讨论问题，但隐含着对彼此的敌意。双方的目标不再是寻求共识或找到更好的解决方案，而是转变成了击败对方、证明自己的正确。这种情况下，管理者需要及时介入。

2. 有些认知冲突可能会升级为情感冲突

当冲突双方信任基础薄弱，或沟通方式过于直接时，可能会使针对任务的冲突不断升级，形成对"人"的不认可。这种情况下，管理者也需要介入。

二 管理者介入冲突的关键步骤

1. 理性认知：管理者应看到冲突的潜在价值，不需要惧怕和逃避冲突。
2. 识别原因：多方面收集信息，尝试识别冲突的根源与本质原因。
3. 选择策略：根据冲突原因选择合适的策略和处理方案。
4. 回顾反思：对冲突的解决过程做整体回顾与反思，促进团队的成长。

三 团队发展不同阶段的特点

表 9-2 展示了团队发展不同阶段的特点及管理者的关键动作。

表 9-2　团队发展不同阶段

阶段	特点	管理者的关键动作
组建期	• 成员相识 • 开始建立初步信任关系 • 了解团队的任务、目标、长期愿景 • 团队成员进行角色探索	• 在团队中传递与达成任务、目标与长期愿景的共识 • 组织团队成员之间增进了解、促进信任关系建立

阶段	特点	管理者的关键动作
激荡期	• 分歧产生，冲突出现 • 角色或职责不清 • 存在沟通挑战 • 团队成员出现情绪波动	• 理性看待冲突 • 在冲突中解决问题、促进变化 • 进一步引导团队成员相互理解、尊重差异、增进信任 • 厘清团队成员角色与职责
规范期	• 共识形成 • 角色与职责明确 • 凝聚力更强 • 效率提升 • 相互支持	• 持续传递共识、长期愿景与中短期目标 • 进行周期性目标管理与追踪 • 授权与放手，发挥成员自主性
执行期	• 高效的运作 • 成熟的沟通 • 团队成员自我管理 • 强大的执行力 • 持续优化与创新	• 同上 • 关注业务创新与变革的机会 • 为团队寻找新的增长点
休整期	• 情绪复杂：包括高兴、悲伤、失落或解脱等 • 关系重塑 • 未来规划 • 经验总结 • 庆祝成就	• 处理好过渡事宜 • 与团队成员共同面对和处理复杂情绪 • 如有余力，可以帮助团队成员进行下一步的职业规划

学以致用

1.观察一下，在你的团队中存在冲突吗？以认知冲突居多，还是情感冲突居多？

2. 读完这一章，你是否计划介入团队成员的冲突？如果计划介入，你将采取哪些行动？

3. 观察与评估你的团队目前正处在哪个发展阶段。

4. 为了帮助团队进一步发展，你计划如何调整自己的管理方式，采取哪些具体的行动？

第 3 部分

PART 3

突遭变故，沉稳以对

一切都在向好的方向发展，却突然遇到组织架构调整。VUCA 时代 [①]，唯一不变的就是变化。新的阶段又有新的挑战：

▶ 在充满不确定性的环境中，如何维持自身的稳定性，专注于行动？

▶ 面对外界的突发变化，如何与团队成员沟通？

▶ 面对沟通不畅的新上级，如何和他建立信任？

▶ 没有职务权威，如何推动平级同事协同工作？

---

① VUCA 时代也叫乌卡时代，代表了易变性（volatility）、不确定性（uncertainty）、复杂性（complexity）和模糊性（ambiguity）。——编者注

10 积极主动

> 如果你无法接受不确定性，它就会变成恐惧。如果它是完全可接受的，它会变成增加的活力、机警和创造力。
>
> ——埃克哈特·托尔

我终于体会到了什么叫作"一语成谶"。

上次与方晴沟通时，我问了一个问题："并不是所有团队都会经历规范期和执行期，对吗？"方晴给了我肯定的答案，她说，有些团队会因为外部不可控的因素，直接进入终结期。当时，我怎么也不会想到，我的团队就会面临这样的命运。

周五下午，我正在跟下属讨论某个视频脚本该如何调整时，突然收到了张鹏的微信消息："现在有时间吗？请你喝杯咖啡，一起聊聊？"

我顿时有种不祥的预感。我跟张鹏已经是多年的上下级关系了，并不需要通过喝咖啡来联络感情，他这么约我，一定说明有件很重要、很特别的事需要沟通。会是什么事呢？

我匆匆跟下属结束了讨论，去公司旁边的咖啡厅找张鹏。他已经给我点好了咖啡，一脸沉重地招呼我坐下，然后告诉了我一个重磅消息："我就开门见山地说吧，公司最近有一些组织架构调整的计划，你的团队在被调整的范围内，但如何调整还没有最终确定。今天约你来，也是想听听你的想法。在最终调整方式确定前，还请你对团队成员保密。"

听完这席话，我终于理解了张鹏在周一和我的沟通中为何表现得那么敷衍。那时的他，就像现在的我一样，已经知道了架构调整的信息，但又不能向下属透露。在那种状况下，我还要求跟他探讨下一步团队工作安排，他怎么可能听得进去？

等等，现在最重要的事是了解架构会怎么调，对我会产生什么影响。我把思绪拽了回来，喝了一口咖啡，尽量让自己平静下来，认真听张鹏讲解这次调整的原委。

在公司原有的架构中，品牌公关中心由张鹏管理，张鹏直接汇报给 CEO。品牌公关中心共四个部门，品牌部负责公司品牌定位、品牌宣传、媒介投放等；公共关系部负责与媒体、政府部门的合作；市场活动部主要是支持产品与销售部门，配合它们策划、组织各类市场营销活动；我负责的新媒体营销部是今年新成立的，主要负责在各类社交媒体上传播品牌形象、策划以社交媒体为载体的营销活动（见图 10-1）。

公司销售中心各大区主要负责线下直营店和商超等渠道，电商业务部门主要负责与各大电商平台（例如天猫、京东等）合作，

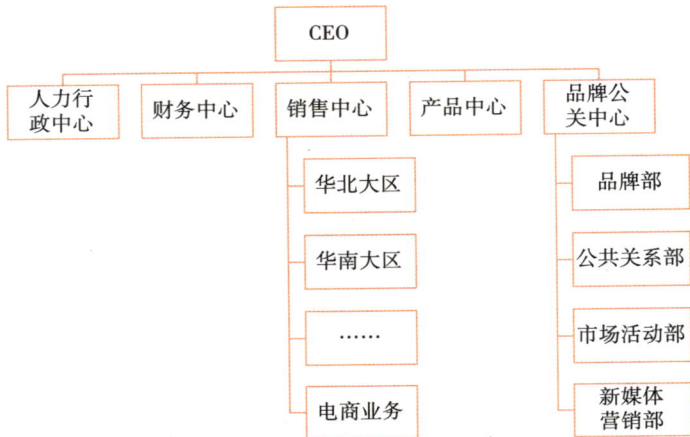

图 10-1　公司组织架构

完成线上销售。今年开始，通过抖音、小红书、微信视频号等社交媒体进行直播带货逐渐成为趋势，消费者的消费习惯也开始转变。之前，电商部门没有成立直播团队，但一直以项目组的形式尝试与不同的带货主播合作。我们团队也会和各社交平台的 KOL（意见领袖、达人）合作，去推广公司的一些新品，在这方面与电商团队的职责边界稍有重合，但通过沟通基本也能各自正常推进，相安无事。

最近，在公司的战略会议上，高管团队已经明确提出将"新媒体营销、直播带货"作为未来重点布局的领域，为了落地这项战略，电商部门将成立新媒体团队、搭建自营直播带货体系。在高管会议上，销售中心的负责人、公司高级副总裁彭总提出，希望将公司内所有做新媒体营销的力量整合为一个团队，由电商业务的负责人进行统一管理。这样可以提升沟通效率，避免公司内部重复工作。

张鹏介绍完背景，抛出了他的问题："我们中心还会保留一个和新媒体相关的岗位，放在品牌部，只做品牌传播相关的工作。你需要考虑一下未来想如何发展，如果希望继续深耕新媒体营销，那就需要并入销售中心电商业务团队；如果你愿意留在品牌公关中心，我也同意，但职责范围会缩小不少。另外，我必须说明一下，如果你愿意并入电商团队，那边会给你安排什么岗位、是否可以继续带团队，我也不知道。电商业务部总监孙总会跟你进行沟通，也算一个面试吧，面试后由他确定。"

听张鹏介绍完前因后果，我的脑子里乱糟糟的。

我在心里哀叹：为什么是我！我才把团队带出点样子，刚刚理清楚工作头绪，怎么就碰上这种倒霉事了？！

但同时，我内心也不得不承认，站在公司的角度来看，把负责新媒体的团队整合起来，的确是一个让效率更高的方式。

我应该怎么选？选择继续做新媒体相关的工作，就意味着需要跟新的上级去磨合，去调整原有的工作方式与沟通风格；选择留在品牌公关中心，看起来是个安全的舒适区，但会失去带团队的机会，而且，新媒体营销也的确是我感兴趣的领域，我舍不得放弃。

张鹏看出了我的犹豫，他又帮我分析了两种选择的利弊，说让我再考虑一下，下周一答复他。结束对话之时，他又一再跟我强调，组织架构调整的消息要先对团队成员保密。我点头答应，但内心一片茫然，我该怎么面对团队伙伴呢？

回到办公室，已经快到下班时刻。我很庆幸张鹏选择了周五下午这个时间点来告知我组织架构调整的消息，我可以用一个周末来消化它，而在这段时间里，我不需要揣着秘密、带着伪装与下属们相处。这个周末，我也要跟方晴聊一聊下一步的选择。

面谈

周日下午，与方晴的面谈如约而至。

方晴非常敏锐，她一坐下就问我："今天你的表情看起来有些凝重呀，碰到什么挑战了吗？"

我叹了口气，把上周与张鹏的对话复述给了方晴。

听完我的倾诉，方晴说："我非常理解你现在的心情，对于一个新经理来说，这的确是一个重大的挑战。那么，今天你希望我在哪些方面给你一些支持呢？"

我回答："我想先做一个决策：去电商团队，还是留在品牌公关中心？另外，我还想跟您探讨一下，在这种变化中如何调整好自己的状态，如何跟团队成员相处与沟通。"

方晴说："好，那我们先从第一个问题开始，可以吗？"

我点了点头。

■ 如何在纠结之中做出决策 ▶▶▶▶▶▶▶▶▶▶▶▶▶▶▶▶▶▶▶▶▶

方晴拿出一张白纸，快速地画出了几个格子，然后把纸递给我，说："来，先想一想这两个选择对你而言分别有哪些价值与风险，一边想一边写下来。"

我接过纸，看到了这个四宫格（见表 10-1）。这个倒是简单，昨晚我失眠到半夜两点，两个选择的好处与风险早就在脑海里滚过好多遍了。越是滚，我就越纠结。

表 10-1　决策四宫格

	选择一	选择二
价值		
风险		

我一边说，一边在表格上写下了两个选择背后的价值与风险（见表 10-2）。

表 10-2　不同选择对比

	留在品牌公关中心	并入电商团队
价值	• 安全、稳定、工作内容已知 • 和上级之间信任关系良好，沟通顺畅 • 未来可以继续在品牌领域发展	• 有可能可以继续带团队 • 可以继续深耕新媒体营销
风险	• 失去深耕新媒体营销的机会（至少是暂时失去） • 管理范围变小，失去带团队的机会	• 工作内容、职责范围暂时未知，也可能不再担任管理岗位 • 不了解新上级的沟通风格、需要从头开始建立信任 • 有可能会干不下去

写完之后，方晴让我再看一遍这张表，然后问我："现在你有

什么新的想法吗？"

我挠挠头，有点不好意思地说："内心还是很纠结啊，我觉得自己似乎是倾向于去电商团队试试，但又害怕去了以后干不下去。毕竟，做品牌与做销售是两种完全不同的导向，虽然都和新媒体相关，但工作思路、方式差异还是挺大的。"

方晴微笑着回应："非常理解你的纠结。每个选择背后都有收益，也都有可能的风险与代价。而我们要做的，就是探索自己真正想要什么，然后做出选择，并承担选择后的代价。的确，有些时候，我们也很难分辨自己更想要什么，鱼和熊掌我都想要，就会陷入纠结。那我们可以换个思路，如果两个选择的收益都是你想要的，那不妨看看哪个选择的风险或代价是你更不愿意承受的？这个方法也被叫作'最小遗憾法则'，比起后悔做过什么，人们往往更后悔没有做过什么。这种逆向思考也许可以帮助你找到心中的答案。"

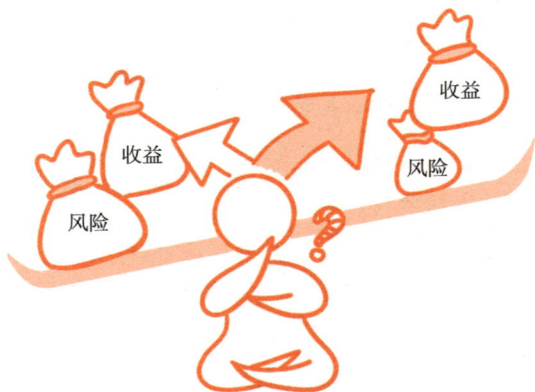

我理解了方晴的意思，在内心开始掂量这两个选择背后的"代价"，相比而言，哪个是我更不愿意承受的呢？

内心深处的答案渐渐浮现，我不想失去继续深耕新媒体营销领域的机会，我也不想失去亲手带出来的小团队，如果想要保住这两项，那我愿意去搏一把，哪怕在新岗位上有干不下去的风险，我总得去试一试。不然，以后再想起这个时刻，我肯定会觉得后悔。

我把这个答案告诉方晴，她流露出欣慰的神色："恭喜你做出了自己的选择。但我还想小小地挑战你一下，为什么你想继续深耕新媒体营销和继续带团队？新媒体营销和做管理对你的价值是什么？"

我一边梳理思路，一边与方晴分享我的感受："从大学毕业起，我就一直在做和品牌、市场营销相关的工作。我很喜欢这个领域，这个领域能让我发挥创意，也能让我一直接触新鲜事物，给了我很多成就感。但是，在我们这个领域一直有一个困境，就是无法证明品牌传播与市场活动到底在多大程度上提升了销售。广告大师约翰·沃纳梅克说过：'我知道我的广告费有 50% 是浪费的，但我不知道是哪一半。'互联网营销出现之后，我们逐渐可以通过数据去分析论证营销工作的效果到底如何。而新媒体则更直观地让我感受到了工作的效果，我们可以直接从用户那里得到最鲜活的反馈。这些线索都让我越来越强地感受到营销工作的价值，让我获得了与用户连接的成就感。我才刚刚摸到一点门道，还有很多值得学习与探索的，我不想现在放弃。

"再说说管理吧，刚开始做经理时，我很兴奋，后来有一段时间，我开始觉得烦躁与困惑，我觉得自己还是更适合专家型岗位，带人太累、太麻烦了。但是，从和您沟通开始，我一点点地找到了感觉，体会到了通过别人来创造价值、达成目标的乐趣。当专家当然也很好，但做好管理，才能有更大的影响力。我希望自己未来能够成为一个既懂专业，也懂管理的复合型人才。"

一口气说完，我感觉思路越来越清晰，决策也越来越坚定。我理解了方晴为什么要问我这个问题，把内心的想法梳理并表达出来，就像在进行一个"对外宣言"。这个过程给了我力量与信心。我对方晴说："我想好了，周一就给张鹏答复。"

▍在不确定的环境中寻找控制圈 ▶▶▶▶▶▶▶▶▶▶▶▶▶▶▶▶▶▶

面对我的回答，方晴用微笑给了我深切的鼓励。她问："那我们是不是可以进入下一个话题了？"

"是的。"我点点头，"虽然决心已下，但接下来还有很多未知的情况。电商的孙总愿不愿意要我？能不能接收我的团队？这些都是未知数。跟您聊完，我是感觉决策清晰了，但下周一回公司，一想到这些悬而未决的问题，我肯定还是会心烦意乱。所以，我该怎么调整我的心态呢？"

方晴没有急着回答我的问题，而是又扯过一张白纸。这一次，她没有画表格，而是画了三个圆圈（见图 10-2），然后把纸递给了我。

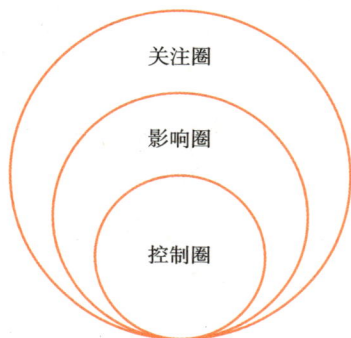

图 10-2　关注圈、影响圈、控制圈

"关注圈和影响圈？我好像在哪儿看到过这个理论。"我看着这张纸，想起我似乎在某堂培训课上听过这两个词。

"是的，这两个词出自史蒂芬·柯维的《高效能人士的七个习惯》，这是一本非常经典的职场必读书。我在柯维的两个圈里又加了一个控制圈，我们来一起看看这三个圈分别指什么。"方晴边说，边打开一份文档。

什么是关注圈

柯维在《高效能人士的七个习惯》中提道，我们每个人都有很多关心的事，其中有大事，比如世界经济形势的走向究竟如何，也有相对小点的事，例如自己下周见客户能否顺利，下个月要考驾照能不能通过等。所有我们所关心的事就构成了关注圈。

什么是影响圈

关注圈里的事可以进一步分为两类。第一类事，是我们自己可以影响其走向的，例如我多花点时间练习，那么考驾照通过的可能性就更大；我多了解点客户的资料，说服客户的可能性就更大，这些事都可以被归为影响圈。第二类事，虽然我们很关心，但我们对于改变它的趋势几乎无能为力，例如股票的走势等。所以，第一类事就可以归入影响圈。

什么是控制圈

影响圈里的事可以进一步区分。有一些是我们可以影响其走向，但不能100%决定其结果的，例如客户是否可以接受我的提案。另外一些是我们可以100%控制和决定的，例如我付出多少时间与精力去准备这份提案。这些我们可以完全控制和决定的事就归入控制圈。

看完资料，方晴的问题也来了："概括一下，关注圈里是你非常关心的事情，但你无法影响和改变；影响圈里的事，是你可以影响走向，但无法完全决定和掌控的事；控制圈里的事就是完全由你决定的事了。如果从你的角度来分析一下这次组织架构的调整，这三个圈里分别有哪些事呢？"

"好问题。"我感到心里有一丝触动。我边想边说："先说关注圈吧。公司高层如何看待这次组织架构调整？公司高层如何决策，是保留原有架构，还是进行新媒体相关团队的合并？这些都在我的关注圈里，有些事已经发生了，我已经改变不了了；即使没发生，以我的职位与影响力，也不可能去影响高层的决策。"

"再说影响圈。我能影响什么呢？也许，我能影响电商团队总监的决策？他愿不愿意要我，准备给我安排哪些职责，这些虽然我不能完全决定，但我应该还是可以影响的。"

方晴说："特别好，那怎么影响呢？"

"先从侧面了解一下他的管理风格，去了解一下之前电商团队是如何做直播带货的，看看我有哪些资源、哪些项目可以与他们之前的工作进行整合，在面试时展示出我在这方面的思考和专业性……"我边想边说，发现自己还是可以做挺多事的。

"没错，你刚刚说的这些事，都是你可以主动去做的，这就是你控制圈里的事。"方晴帮我做了总结。

我心里刚刚那丝触动渐渐明晰起来，我找到了问题的根本："我懂您的意思了。分清楚三个圈之后，我就可以把时间和精力都放在控制圈里，集中精力去做。至于我控制不了的事，就别七想八想了，想太多只会扰乱自己的心绪。"

"没错。"方晴说，"假如我们花了大量时间在关注圈里，就会觉得自己对于现状无能为力，越来越焦虑。如果把精力、资源放在影响圈和控制圈里，虽然不能 100% 地决定结果，但你的投入一定会让结果朝你期望的方向前进。"

我默默点头。这是一个非常简单的道理，但却如此深刻。

方晴给了我一些时间去消化这段信息。一段沉默之后，她接着说："我想用一句话来概括一下，叫作在影响圈里思考，在控制圈里行动。"

"当我们感到外部环境充满不确定性，自己似乎什么都改变不了时，先别急着放弃。而是静下来认真想一想，<u>我的目标是什么？哪些事情在我的影响圈里？</u>为了实现我的目标，我可以去寻找和调动哪些资源？我应该影响哪些人？我需要用哪些方式和策略来影响他们？这就是<u>在影响圈里思考。</u>"

"接下来，继续思考，哪些事在我的控制圈里？我可以先从哪些最小的行动开始？我有哪些选择？如果暂时做不到理想状态，那我应该提升哪些能力？改变哪些习惯？把这些问题想明白，就可以行动起来。这就是<u>在控制圈里行动。</u>"

"在影响圈里思考，在控制圈里行动。"我重复了一遍这句话，"对我太有启发了，我要把这句话写下来贴在电脑屏幕旁边！心烦意乱时我就抬头看看，然后问问自己可以在控制圈里做些什么。"

▌在不确定性中如何与团队沟通 ▶▶▶▶▶▶▶▶▶▶▶▶▶▶▶▶▶

聊到这儿，我觉得自己混乱的心绪渐渐被理顺了，但还有一个难题——下周我应该如何面对下属们，我能做到假装什么都没有发生吗？我向方晴说出了这个困扰。

她沉吟了几秒，开口说道："在消息可以向下属公布之前，你的确需要如常地推进工作。如果把这种方式看成一种表演，那的确心理压力挺大的。我的建议是，你是否能尝试把这些工作仍然看成你的控制圈？你现在团队的工作越顺畅、越出色，就越有可能打动接手这块工作的那位新领导。"

"唉，我试试吧。"从理性的角度，我接纳了方晴的建议，但感性上，我仍然对下周假装一切正常的做法感到抗拒。我又想到了上周的张鹏，想到了他跟我沟通时的敷衍与烦躁，那时的他应该也处在这种压力之中。我突然对他产生了一些共情，原来当领导真的很不容易，很多时候他们背负的压力、面临的复杂挑战都超出了我们的想象。

"那消息可以公布之后，我应该如何与下属沟通呢？"我抓紧时间问出了今天最后一个疑问。

方晴回答："这也是我正想和你探讨的问题。我有三点建议：第一是做坦诚沟通，在消息可以公布的第一时间公开、透明地把它释放给你的团队成员，尽量不要让他们通过小道消息获知，避免因为揣测、谣言带来更多焦虑、恐慌的情绪。第二是用上今天我给你介绍的理论，带着大家找到自己的长期目标，并围绕长期目标找到自己的影响圈和控制圈，然后在影响圈里思考、在控制圈里行动。第三是看到大家的情绪，可以让大家都表达一下自己的情绪与困扰。很多时候，这种表达与释放是可以缓解焦虑的。"

"对，用大白话说，就是说破无毒。"我一边回应，一边在本子上记下方晴的建议。

在对话结束前，方晴跟我分享了一段她的经历："我在职业生涯中也经历过一次与你类似的挑战。那时我做管理者三年，带出了一个让自己感到骄傲的小团队。正在顺风顺水之时，公司人力资源中心要从传统模式向三支柱模式[①]转型，我带领的团队要被

[①] 人力资源三支柱模型是戴维·尤里奇在 1997 年提出的，即 COE（专家中心）、HRBP（人力资源业务伙伴）和 SSC（共享服务中心）。在该理论提出后，很多大型集团公司的人力资源部门开始从传统架构向三支柱模式转型，以求提升效率，助力业务，为组织创造更多价值。

拆分。看着自己辛苦带出来的团队就这样没了，我特别难过。转型我能理解，可为什么我的团队受冲击最大？我内心有很多怨气。当时，一位我非常敬佩的前辈跟我聊天，他告诉我，在这种变化之中，如果一直在想'为什么是我？为什么我这么倒霉？'，那就会一直被情绪困住。事实上，在快速成长的商业组织中，变化会常常发生，每个人都有可能会碰到。所以，在变化中，可以尝试去想，我可以争取什么？我能把握什么？我能学到什么？我们常说，变化也有可能是机遇。只有愿意去这样思考，才能把变化变成机遇。那个时候，我只是听到了这段话，但并没有完全理解。后来，我选择去公司的一个业务部门（business unit，下文简称 BU）做了 HRBP 负责人，一做就是五年。这个 BU 在那五年中迎来了业务的爆发期，我也得到了很多历练。这段经历让我得以跳出 HR 的专业视角，真正具备了业务思维，理解了商业组织的运作规律，这些积累对我现在做顾问非常有帮助。现在，我回想起来，才真正理解了那位前辈的话。在变化之中，好好想一想，我能争取什么？我能把握什么？我能学到什么？我把这段经历分享给你，也希望能给你一些启发。"

我收下了这个故事。我们每个人的成长都是如此，别人的建议只是纸面上的道理，只有自己亲身经历过，才能变成自己深刻的体悟。我很幸运，可以从方晴这位前辈的经历中尝试去体会那些道理，我并不确定自己是否真正可以做到，但我应该已经在从"知道"到"做到"的行进路途之中。

面谈后的行动

周一上午，我跟张鹏讲了自己深思熟虑后的选择，并对他这么多年的指导与信任表示感谢。张鹏表示很支持我的选择，他会和销售团队的相关负责人沟通，推进后续安排。

我尽量保持如常的状态和团队成员们开完周会。本来这周有一些需要布置的新工作，我都暂时搁置了，但已经在进行中的项目，还是按原有进度推进。团队成员们看起来并没有察觉到有什么异样。

做完这些，我开始认真盘点我的控制圈内有哪些事，在和销售团队相关负责人沟通前，我需要做好哪些准备工作。我列出了一些行动计划：

去几个社交平台上做调查，看看其他友商是如何做带货直播的，总结行业趋势与规律；

约电商部门的小李吃个午饭，我们是同批进公司的，也总是一起打篮球，向他了解一下电商团队的架构和管理者的风格；

梳理团队内部最近三个月的工作亮点，构思如何用最简明扼要的方式讲给电商总监；

……

准备好去迎接这次挑战吧！我在心里默默给自己打气。

知识卡片

1. 区分关注圈、影响圈、控制圈

表 10-3 展示了如何区分关注圈、影响圈、控制圈。

表 10-3　三个圈的不同

	如何区分	如何对待
关注圈	非常关心但无法影响和改变的事	以平和的心态，接纳这些事情的发生
影响圈	可以影响走向但无法完全决定和掌控的事	整合资源、发挥影响力，尽量去改变
控制圈	可以完全控制和决定的事	改变习惯、提升能力、调整心态，对自己负责

2. 在影响圈里思考，在控制圈里行动

哪些事情在我的影响圈里？

为了实现我的目标：

我可以去寻找和调动哪些资源？

我应该影响哪些人？

我对要影响的人有哪些期待？

我如何影响他们？

哪些事情在我的控制圈里？

为了实现我的目标：

我有哪些选择？

我应该怎么做?

我可以采取的最小行动是什么?

我如何让自己先行动起来?

如果暂时还没有做到,我应该提升哪些能力?改变哪些习惯?

二 在不确定性中如何与团队成员沟通

1. 坦诚沟通

在组织允许的范围内,保持信息的公开透明。最好通过面对面的方式去沟通,避免因沟通不充分带来揣测、谣言,从而给团队造成恐慌情绪。

2. 看到情绪、接纳情绪

在变化之中,团队成员可能会有焦虑、无助等情绪,甚至有些成员会感到愤怒。管理者如果无视这些情绪,把情绪当作"房间里的大象"[1],不去讨论,不去触碰,只会让情绪发酵、蔓延,给团队带来更多消极影响。管理者可以引导大家去表达情绪、表达困惑,在此基础上再去寻找确定性与设计行动计划。

3. 带领团队在不确定性中寻找确定性

带领团队成员区分关注圈、影响圈、控制圈,帮助每个成员找到

---

[1] "房间里的大象"(Elephant in the room)是一句英文谚语,原意为房间里出现了一头大象,大家却对如此显而易见的事物避而不谈;后来引申为在公共空间中,大众对某类触目惊心的事实心照不宣地保持集体沉默。

他们的控制圈，并引导他们在控制圈范围内行动。

学以致用

你或你的团队目前是否也处在充满不确定性的环境之中？如果是，请思考以下问题：

1. 面对目前的不确定性，你的关注圈、影响圈、控制圈中分别有哪些事？

2. 你的目标是什么？为了实现你的目标，你将如何在影响圈里思考，在控制圈里行动？

3. 观察你的下属，是否有某个团队成员被无助、焦虑等情绪困扰，从而出现了摆烂、躺平等状态？如果有，你是否可以引导他去梳理他的影响圈与控制圈，并引导他在控制圈范围内开启行动的一小步？

11

向上沟通

> 你不用喜欢你的上司，了解他就行。
>
> ——彼得·德鲁克

一个月之后，终于尘埃落定。

我被调到了销售中心，和我一起来的是大木和佩佩，小叶和范雨都留在了市场部。加上已经离职的冯君，我曾经有 5 个下属，现在变成了 2 个，团队范围缩小了不少。我的职责范围基本与原来的一致，搭建直播带货体系的工作由另一位平级同事负责，我们都汇报给电商业务部总监孙一冬。

这段时间，我和方晴没有见面，我在微信上跟她同步了我的岗位变化情况。她回复我："加油！新的环境，也会有新的挑战，有需要的话我们再约。"

离开品牌公关中心之前，张鹏单独请我吃了顿饭，也向我讲了一些这次变动背后的内幕。在去年年底的公司战略会上，高层管理团队提出今年要在新媒体营销、直播带货领域发力，所以，张鹏向人力资源中心申请增加了 5 个 headcount[1]，成立了新媒体营销部。于是，我才成为一名新经理。但销售中心的老大一直认为这项职能放在品牌公关部并不合适，他私下也总是说品牌公关部的工作看起来高大上，但过于务虚，无法直接给销售贡献价值。经过一段时间的博弈，CEO 最终拍板决定把我们这个团队并入销售中心。但总体而言，CEO 还是很认可张鹏的工作能力，虽然这次调整缩小了他的团队规模，但张鹏被晋升为公司的 CMO（首席品牌官），在职级上更上一层楼。我理解，这应该算是对张鹏的一种安抚。

在饭桌上，张鹏跟我讲："这次变动对你也不一定是坏事，虽然团队暂时缩小了，但你的工作离业务更近了，你能更好地理解销售部门的关注点。即使你将来还是回到传统的品牌公关领域，这种对业务的深入理解也一定会对你有帮助。"这段话与上次方晴讲的异曲同工，我怀着复杂的情绪接受了这位前辈对我的鼓励。

进入新的团队，我很快就体会到了与新上级相处的种种不适。

虽然之前从侧面了解过孙总的管理风格，据说非常强势、直接，我已经做了一定的心理建设，但在跟他第一次汇报时，我还是被打击到了。那次，我花了一个周末的时间，精心准备了一份对上一阶段工作的总结和未来的工作计划，希望给新上级留下一个好印象。没想到，一份 30 页左右的 PPT，预计汇报时间是 20 分钟，而我才讲了七八分钟，就被他打断了。孙总皱着眉说："你能

---

[1] headcount，岗位编制，通常由人力资源部门统一规划。在企业中，用人部门在招聘前通常需要申请岗位编制。

不能说重点？来，让我看看，后面还有多少内容？往后翻，对，再翻。"就这样，他几乎没有给我深入讲解的机会，就让我快速翻完了整个文档，他挑自己感兴趣的页面看了几眼，问了几个问题，我的汇报部分就结束了，会议直接进入了下一个议题。会议结束前，孙总又跟我说："晓磊，我知道你们搞品牌、做市场的人特别会做 PPT，我不需要这些花哨的东西，咱们把事说清楚就行。"当时，会议室里还有好几位平级同事，我想要解释几句，却又不知道说什么好，在大家的目光中，我觉得特别没面子。

那天晚上，我的情绪很是低落。我有些自我怀疑，我是不是选错了？女朋友艾米注意到了我的异样，她建议我这个周末再约方晴做一次辅导。对啊，我需要让她帮我梳理一下，如何才能跟新上级建立信任。

面谈

方晴最近租了一间独立办公室，她邀请我到那儿见面。

办公室在望京的一栋写字楼里，分为两个小房间，外间有两个工位，里间是个小会客室，淡蓝色的墙壁，浅米色的沙发椅，一进去就让人觉得很放松。

方晴给我倒了杯茶，邀请我坐下。我靠在柔软的沙发椅上，喝了一口热茶，在一周的疲惫与焦虑之后，我在此刻感受到了一丝平静。

"今天想聊什么话题？"方晴开启了对话。

"想聊聊如何跟新上级沟通。"我回答，然后就进入了话痨模式，把前几天汇报时遇到的状况倾诉一通。

方晴听完我的讲述，回应道："听起来，你对那天的状况还有些难以释怀，我感受到你有些难堪，也有些困惑，那么，你希望我今天如何来支持你呢？"

"太对了，我的感受就是难堪，觉得被当众嘲讽了一通，特别没面子。另外，我也想知道问题到底出在哪儿了。我以前都是这么汇报工作的，以前的上级都评价我逻辑清晰、重点突出，可孙总为什么就这么难伺候呢？"

▌转换视角，体会上级的需求 ►►►►►►►►►►►►►►►►►►►►►►

方晴沉吟了一下，对我发出了一个邀请："今天场地条件恰好允许，我想请你尝试一个有趣的活动，叫作空椅子①，你觉得可以吗？"

我不太明白什么是空椅子，但出于对方晴的信任，我很乐意试试。

方晴拽过两张椅子，面对面放置。她邀请我坐在其中一张椅子上，然后告诉我："假如孙总就坐在对面的椅子上，你可以告诉

---

① "空椅子技术"，是源自心理咨询完形流派的一种技术，目的是帮助当事人全面觉察发生在自己周围的事情，转换视角，分析和体验自己和他人的情感，从而产生深入觉察。它也可被用在教练辅导中，具体应用环节可根据场景有不同的变形。

他那天想对他说但没来得及说的话，你会说什么呢？"（见图 11-1）

图 11-1　空椅子

　　我觉得这种形式有一点尴尬，不太好意思张口。方晴体会到了我的犹豫，但她没有着急说话，而是沉默着。

　　我在这种沉默中做了几个深呼吸，慢慢找到了一些感觉。我开口说："孙总，这份汇报我精心准备了一个周末，您却不愿意听完，我挺失望的，您能不能对我有点耐心？"

　　方晴听完我说的话，又邀请我走到对面的椅子上坐下，看着刚刚自己坐过的位置，问："你现在就是孙总，听到胡晓磊刚刚对你说的话，你会说什么？"

　　我闭上眼睛，孙总日常讲话的画面在脑海里回放，一段话脱口而出："你有点失望，那你知不知道我是什么感受？说了半天还没讲到我关心的事，我能不急吗？我比你忙多了，我不可能专门去照顾你的感受。"

　　话说出来，我乐了，这么不客气的说话方式，我学得还挺像。同时，我也突然悟到了一点什么。

方晴捕捉到了这个信号，她请我站起来，来到第三方视角，问我："现在站在第三方的位置，听到刚刚那段对话，你有什么想法？"

我回答："我的感受是，这两个人都缺乏同理心。上级看不到下属的努力，不理解下属的感受，也不想照顾下属的感受；下属沉浸在自己的世界里，因为加班和努力自我感动，他也并不知道上级关心什么、想听什么。"

"好，经过刚刚这一段沟通，再去回看上周的汇报，你有什么新的感受吗？"方晴追问。

"我知道了问题的症结。"我回答，"之前我一直汇报给张鹏，我们两个有信任和默契，另外，我们都是做品牌出身的，受过同样的职业训练，思考问题的习惯和思路也大致相似。所以，我向他汇报工作时，不用多想，就能对上他的频道，从来没翻过车。可是，孙总跟张鹏的职业背景完全不同，我完全没有去分析他关心什么、他想听什么，就还按原来的路数去汇报。在他看来，我完全没有讲到点子上，他会不耐烦，也很正常。"

我停顿了一下，又接着说："至于孙总不愿意照顾我的感受，这件事我已经有心理准备。去销售部门之前，我就侧面了解过他的风格，据说他对所有下属都是这样的，但他专业能力也很强，沟通风格虽然强势直接，却总是一针见血，直指问题本质。我会尝试去适应他的。"

"你真的很有悟性，找到了这次问题的症结所在。"方晴表达了对我的认可，"分享给你一句话，来自管理学大师彼得·德鲁克。

他说：'你不用喜欢你的上司，了解他就行。'"

"是的，"我表示同意，"相比于张鹏，我的确很难喜欢孙总这样的上级，但我需要多花一点时间去了解他。"

▎理解你的上级，了解你的上级 ▶▶▶▶▶▶▶▶▶▶▶▶▶▶▶▶▶▶▶

方晴打开电脑，调出一份文档，然后说："我在讲向上沟通课程时，总结了与上级建立信任关系的两个关键点，分别是<u>理解你的上级，了解你的上级</u>。分享给你做个参考。"

1. 理解你的上级

● 理解你们之间存在信息差

他决策的背后也许有你不知道或不能理解的信息，当我们不能理解他的决定时，可以试着多问"为什么"，或是多收集一些信息，而不要心存抵触或马上拒绝。

● 理解他也有压力与情绪

他面临的是比你更复杂的形势，背负了更多的责任与压力，理解他并不一定能时刻都拥有你所期待的"耐心"，时刻用你能听懂的方式进行表达。

● 理解一份工作在你们的视角中存着优先级差异

他的职责范围远大于你，你认为最重要的事，也许在他的优先级里没那么高。理解他做出优先级选择的出发点与你不同。

2. 了解你的上级

● 了解他的阶段性工作重点和优先级

他关心能否尽快展现业绩成果。优先级越高的事，他越期待下属能够快速反应，并给予及时反馈。不妨问问自己，你了解上级的年度 KPI（关键绩效指标）或 OKR（目标和关键结果）吗？你知道你的上级在这个季度或年度最重要的三件事是什么吗？如果不了解，那赶快去补这个功课。

● 了解他的时间分配习惯

他不会在优先级较低的事情上分配太长的时间，级别越高的上级，注意力集中的时间就越短。了解他的时间分配习惯后，才能在合适的节点预约上级的时间，进行高效的汇报与沟通。

● 了解他的信息获取习惯和偏好

有的上级喜欢听口头汇报，有的上级一定要先看纸质资料。有的上级偏好看一份制作精良的 PPT，有的上级希望你用文档或表格（Excel）拉出重点。这些偏好没有对错之分。了解了他的偏好，才能有的放矢，对症下药。

● 了解他的优势与短板

上级也不是全能选手，了解他的优势，才能更好地利用他的优势。了解他的短板，才能思考如何发挥个人优势，与他形成互补。

看完这段文字，我想起了很多与过往上级相处的场景，原来我无意间踩过不少坑。我跟方晴分享自己的感受："我想起上次跟张鹏说要讨论一下团队职责分工，他当时对我有些敷衍，我还挺生气。这就是这份文档第一点里说到的第二项'理解他也有压力与情绪'。那时候，我压根不知道他正在为组织架构调整的事烦心。还有这个问题，是否了解上级最重要的三件事，我也答不上来。我得去做做功课。"

"对你有启发就好。"方晴说，"这些也都是我踩过坑后才渐渐总结出来的。回想起刚入职场时的自己，也是一身冷汗，感谢那时候上级的包容。"

"再分享一张图给你，"方晴在纸上画出了一张图（见图 11-2），接着说，"在任何问题、任务面前，我们每个人的视角、掌握的信息都是不同的。通常情况下，下属看到的信息最少，上级会更多一些，当然上级也有局限性，也未必能掌握下属所拥有的全部信息。站在更高的角度，也就是全局视角，我们才会看到更多的信息。我们与上级沟通不畅，常常是因为被局限在自己的视角之中。"

全局视角

下属

上级

图 11-2 转换视角看问题

这时，可以尝试从自己的小框框里跳出来，试着想想，站在上级的视角，他会怎么想？站在全局视角，你又会怎么想？刚刚的空椅子练习，就是一个帮助你转换视角、建立觉察的方式。"

"对，下一次在跟上级沟通出现不顺畅的状况时，我就可以这样来反思一下：这次沟通为什么不顺畅？跳出我的视角，有哪些信息是我之前没看到、没想到的？是不是我没有理解他的压力或顾虑？是不是我没有了解他的关注点？是不是我们双方工作的优先级存在较大差异？我的沟通方式是不是不符合他的信息获取偏好？"我快速总结着。

方晴竖起大拇指，给我点了个赞。

▌在不同场景中与上级沟通 ▶▶▶▶▶▶▶▶▶▶▶▶▶▶▶▶▶▶

我想了想，又提出了新的问题："刚刚讨论的都是心态层面的，我还想再请教一下，有没有什么更具体的沟通技巧，比如应该怎么汇报工作？被上级质疑的时候应该怎么回应？"

方晴说："恰好上次讲课，我总结了一些在挑战性场景中的沟通方式，我们可以一起看看是否对你有帮助。我总结了三个场景，分别是汇报工作时、与上级意见不一致时、被上级挑战与质疑时。你想讨论哪个？"

"我可以选择都要吗？这些都是我会碰到的场景。"我说。

"当然可以，那我们就一个一个说。我们可以一起讨论这些场景中的沟通策略。"方晴笑着回答。

以下是我和方晴对三个场景进行共创后的总结。

场景一：汇报工作

很多人在汇报工作时会犯和我一样的错误，特别希望把自己精心准备的内容掰开了、揉碎了讲清楚，生怕错失一个要点。我们常常会围绕着自己关心、自己感兴趣的话题去进行阐述，并误以为这也是上级感兴趣的。实际上，当我们不够了解上级的目标和关注点时，我们讲述的内容也很难命中他的兴趣范围，这时，汇报就是低效甚至无效的。

如何才能围绕上级的关注点展开汇报呢？

第一，当然要提前做好功课。

了解上级最近的工作目标是什么，对他而言最重要的任务是什么。这些信息可以通过了解企业战略，阅读部门工作规划、部门工作总结，与平级同事交流等方式获得。

第二，在汇报开始时将自己的内容与上级的关注点建立关联，吸引他的注意力。

例如，假如你了解到上级最近非常关注成本控制，那么，你可以这样开始："之前您提到今年部门的重点工作是控制成本与提效，我们这个项目的价值之一就是节控采购成本，下面我来汇报一下项目的实施思路。"

第三，如果的确不了解上级的关注点，也可以大胆询问，给上级选择权。

例如，"我的汇报材料里包含三个部分，分别是 A 内容、B 内容、C 内容，我们是按顺序讲，还是您想先了解哪个部分？"这种方式可以把单向汇报变成双向互动，节省时间，提升交流质量。

场景二：与上级意见不一致时

在工作中，有时上级下达了一个指令，但下属并不完全认同，认为上级的要求不合理或是有风险，这时是无脑执行，还是与上级进行商讨与沟通？我和方晴一致认为应该选择后者。商讨的目的并不是非要证明自己是对的、上级是错的，而是要消除信息差，找到更优选项。在这个场景中，有两个关键的沟通策略。

第一，通过提问理解上司的深层次需求。

例如，可以问："能问一下您这么决策的考量是什么吗？""我想了解一下，您希望通过这个方案达成什么目标？"

理解深层次需求后，我们就可以提出更多替代方案。上级所期待的通常并不是下属一定按某种路径执行，而是达成他的目标。我们需要知道，上级也是普通人，他也并不一定能在发出指令时讲得清晰透彻，所以，下属需要主动去询问与澄清。

第二，展现个人的审慎分析与思考、进取心。

当上级提出一个超出现实资源的要求时，作为下属，如果两手一摊，说"这个要求不合理，我们做不了"，在上级看来就是一种缺乏责任感与进取心的表现。这个时候，先不要着急拒绝，而是应该呈现出对上级所给任务、现实条件、现有资源的审慎分析，列出做此项任务需要哪些额外资源（精确的数据与论证）、对部门现有工作会带来哪些风险，然后把决策权交给上级。

场景三：被上级质疑时

在付出努力之后，我们都会期待得到上级的认可与赞扬。但是，在真实的工作场景中，我们常常会遇到提交精心准备的工作成果反而被质疑的状况。还有些时候，在项目进程中受到了相关部门的投诉，上级也会对我们进行追责和质问。在这些时刻，也有三个关键点。

第一，觉察情绪，放下防卫。

在被质疑时，大多数人的情绪是紧张、焦虑、恐惧。在强度较大的情绪中，我们会产生应激反应，例如推卸责任、解释、防卫等。但这并不能解决问题，还会让双方的信任关系受损。

所以，应对质疑的第一步是保持沉默，听一听上级到底在表达什么，再思考应该如何回应。这并不容易做到，需要刻意练习。我们可以试着在觉察到自己的情绪后，先深呼吸，数几个数，镇定心神后再思考如何应对，避免带着情绪开口。

第二，理解诉求，解决问题。

当上级质疑时，他的第一诉求是什么？是追究到底是谁的责任，还是了解问题出现的前因后果，抑或尽快让问题得到解决，偏差得到纠正？

冷静下来想一想，我们就会发现，一个正常的上级第一诉求往往是"尽快解决问题、纠正偏差"。所以，此时此刻，我们应该做的是积极寻找解决和改进方法，而不是着急进行解释和推责。

举个例子，假如上级马上就要去参加一个季度汇报会，离会议开始还有一小时，他突然给你发微信，说："你准备的材料里怎么有几个数字对不上？"你要如何回应？

有些人的第一反应是："啊？不会啊，我昨天算了好几遍，应该不会有错。"这就是在紧张情绪下的防卫行为。可是，此刻上级的需求是什么？当然是尽快把数据对清楚，毕竟还有一小时他就要去跟他的上级汇报了！所以，积极寻找解决方法的回应是："是哪几页的数据有问题？我马上核对一下，10 分钟内给您反馈。"

第三，适度解释，弥合信任。

假如我们真的是被上级误解了，并不是不能解释，但需要选择合适的解释时机。

在被质疑、问题还未解决时，并不适合解释。当问题已经解决、事情已经没那么迫切时，我们可以适度进行解释，从而弥合与上级之间的信任关系。例如，可以这样表达："上次的问题我又拉着相关同事一起开了个复盘会，问题出在数据导出环节，我们会把流程做一下调整，避免以后再出现同类问题。"

这样表达，既解释清楚了问题源头，也表达了未来的修正方式，让上级放心。

这么梳理完，我觉得松了一口气。我跟方晴说："我悟了，向上沟通的本质，还是要懂他的需求，一切都从他的需求出发。"

"没错，"方晴说，"试着扮演一下你的上级，好好体会他的需求、他的顾虑、他的喜怒哀乐。"

我点了点头，闭上眼想象我的上级孙总会有什么感受。

■ **把你的上级当人看** ▶▶▶▷▷▶▶▶▶▶▶▶▶▶▶▶▶▶▶▶▶▷▷▶▶

过了一会儿，方晴打破了沉默："有一句话，对我帮助很大，也分享给你。就是——'把你的上级当人看'。"

我愣了一下："什么意思？难道我还敢不把上级当人看吗？"

方晴解释道："有时候我们期待自己的上级是个无所不能的神，有时候我们也可能会妖魔化自己的上级，这两种心态都会给向上沟通带来障碍。

"先说第一种情况，很多下属对上级会有各种各样的期待，例如上级应该是内心强大、情绪平和的，他应该时时刻刻照顾每一个下属的感受和情绪；上级应该是专业过硬、能力超强的，他应该能够解答我遇到的每一个困难或问题；上级应该是具备同理心的，他应该看到我的努力和进步，对我表达认可与鼓励……这其实就是在把上级当神，而不是当人。一旦上级做不到其中一条，下属就会在心中抱怨，认为这位上级太差劲了。特别是当我们看过一些领导力类的书后，我们常常不会用书中的知识点或准则来衡量自己，反而会用它们来评判上级。其实，上级也是跟我们一样的普通人，不是'全能之神'，他只是比我们多几年经验，或者在某些方面有突出的能力，于是被组织赋予了更多的责任。"

我恍然大悟："是的。当我们把上级当人看，就能接受他不够完美，他也不可能总是比下属更聪明、更成熟。这样，我们就不会只是挑剔他哪里做得不够好，而是能去欣赏他的优势、利用他的长处，更好地配合他。"

"是的。"方晴接着我的话往下说，"把上级当成神的相反一面，则是妖魔化上级。有的人在和上级的互动中遇到一些麻烦之后，会带着愤怒或失望的情绪来与上级相处，并渐渐觉得自己的上级一无是处，或是处处针对自己。一旦戴上了这种有色眼镜，上级说什么在他看来都是错的。在旁观者眼里非常正常的管理举动，则会在下属的心里掀起一场丰富的内心戏。人与人之间的化学反应是非常微妙的。当一位下属在妖魔化自己的上级时，即使他没有表现出明显的对抗行为，也一定会对两人之间的磁场产生影响。当老板感知到这种敌意后，对下属的管理动作很有可能会有一些失当或变形，而这种失当会让下属进一步强化自己的感受：'看，我就说吧，他是个心胸狭窄的人，他就是故意针对我。'"

我想起了被我辞退的冯君，在他眼里，我可能就是那个被妖魔化的上级。

方晴继续说："我当然不否认，职场中有不够称职或不够胜任的上级。但是，有一些瑕疵和非常不胜任是有着很大差异的，即使是不胜任的上级，也并不一定是真的一无是处。如果真的遇到了难以相处的上级，那我的建议是，要么不再多想，离开他；要么调整认知，反思自己，找到和他的相处之道。如果选择留下，但又不断去妖魔化自己的上级，明里暗里去表达敌意与对抗，把自己当成一个受害者，这种心态只能让自己的影响力越来越低，状态也越来越差。这显然是一场两败俱伤的双输之争。"

我使劲点点头："谢谢您这段补充和提醒。我的现任上级孙总并不是一位好相处的老板，我会提醒自己不要陷入这种内心戏。"

■ **拿到早期成果** ▶▶▶▶▶▶▶▶▶▶▶▶▶▶▶▶▶▶▶▶▶▶▶▶▶

聊到这儿，我已经解决了心中疑惑。在对话结束前，方晴又补充了一句："最后还想给你一个小建议，可以吗？"

"当然。"

"刚刚我们总结的都是向上沟通过程中的心态调整与人际技巧。"方晴说，"但是，在进入一个新的管理岗位，换了一位新上级时，更重要的事，还是需要在任务与成果层面去打动他。"

我点点头，深以为然，这也是我在上周末点灯熬油去写那份工作规划的原因。

方晴继续说道："我的建议是，你需要在一两个月之内拿到一个具体的早期成果。很多新上任的管理者倾向于去做出一份完备的长期规划，包括如何搭建体系、中长期目标是什么，等等。这些动作并没有错，但是，如果你还没有赢得上级的信任，这些规划往往容易让上级觉得你在搞一些虚头巴脑的花架子。所以，先别急着搭体系，可以考虑从上级最关心的事入手，先解决问题，拿到一些速赢的短期成果。"

"明白了，"我回应道，"就是先用成果说话，让上级认可我的专业能力，在新部门先立住脚，这样才能争取更多资源去做长期的事。"

方晴竖起大拇指："没错，一点就透。当然，这些早期成果也需要和你的长期目标保持一致。所以，早期成果有两个价值，一是帮助你在新岗位上建立良好开端，站稳脚跟；二是为长期目标打下基础。那么，今天聊完之后，你的行动计划是什么呢？"

"去想一想，我可以在哪些方面拿到早期成果。"我回答道。

今天的辅导结束了。这已经是第 11 次辅导了，我和方晴约定，下一次见面安排在 1 个月以后，我先在新岗位上磨合与体会一段时间，再带着难题来找她。

面谈后的行动

  与孙总不太愉快的沟通之后，我一度非常担心他会不喜欢我，对我有偏见。毕竟我是被合并进来的新成员，不是原班人马。与方晴面谈之后，我的心态放轻松了一些，经过这周的观察与相处，我发现是我多虑了。这就是孙总的风格，不满意就直接说，不太考虑措辞，对每个下属都是如此。因此，他肯定没那么喜欢我，但也说不上不喜欢我，他的态度并不是针对我个人的。

  我尝试用上周与方晴探讨的方式去与孙总沟通，同时也开始去收集销售中心过往的工作规划、总结等资料，希望通过阅读这些资料尽快了解销售中心的风格和工作模式。与新的上级建立良好的信任关系，绝非一日之功，我做好了这个心理准备。

  同时，我也去跟销售部门的管理者们交流、请教，去思考我在未来两个月可以从哪些角度入手去拿到早期成果。经过两周的思考，我也终于找到了发力点。

知识卡片

一 向上沟通的心态准备

1. 理解你的上级

○ 理解你们之间存在信息差。

○ 理解他也有压力与情绪。

○ 理解一份工作在你们的视角中存在优先级差异。

2. 了解你的上级

○ 了解他的阶段性工作重点和优先级。

○ 了解他的时间分配习惯。

○ 了解他的信息获取习惯和偏好。

○ 了解他的优势与短板。

二 在不同场景中的沟通策略

1. 汇报工作时

○ 汇报前：提前做好功课，了解上级最近的工作目标和重点是什么。

○ 汇报开始时：将自己的内容与上级的关注点建立关联，吸引他的注意力。

○ 汇报过程中：如果的确不了解上级的关注点，也可以大胆询问，给上级选择权。

○ 汇报结束时：总结下一步的行动，请上级确认，并约定下一次检核成果的时间。

2. 与上级意见不一致时

○ 询问上级的深层次需求。

○ 展现个人的审慎分析与思考、进取心。

3. 被上级质疑时

○ 觉察情绪，放下防卫。

○ 理解诉求，解决问题。

○ 适度解释，弥合信任。

学以致用

你与上级的沟通是否顺畅？如何才能进一步促进你们之间的信任关系？请思考以下问题：

1. 请回想上一次你与上级沟通出现障碍的场景，尝试分析原因是什么：是存在信息差，是优先级不一致，还是你对上级的沟通风格、信息获取偏好不够了解？

2. 如果再回到类似场景中，你会如何调整你的沟通方式？

3. 你了解上级这个季度、半年度、年度的 KPI 或 OKR 吗？

在他心目中，这个绩效周期内最重要的三件事是什么？

4. 如果你还回答不了上面的问题，你准备用什么方式来获取这些信息？

5. 你的上级有哪些优势？你应该如何利用他的优势？

6. 你的上级有哪些短板？你在哪些方面可以与他形成互补？

12

横向影响

◀◀◀ 没有职务权威，如何推动事 ▶▶▶

> 要想在专业和管理工作中有卓越的表现，就要懂
> 得如何利用企业内部的权力运作系统为我们服务，而
> 不要让它成为阻碍我们前进的绊脚石。
>
> ——约翰·P.科特，《权力与影响力》

又是一个月过去了。

我很难用"渐入佳境"来形容这一个月的经历，因为我距离"佳境"还早得很。但我总算是度过了调岗后最初如履薄冰的时期，渐渐找到了一些节奏，与上级孙总的沟通也向着好的方向发展。

一个新的问题开始浮出水面：如何才能做好横向沟通，去推动与影响其他部门的同事？

在品牌公关中心工作时，我们手头总是握有营销预算和资源，对于产品、销售部门的同事而言，我们是资源提供方，不管我们给的营销支持是否真的管用，只要是给，总聊胜于无。所以，我去做跨部门沟通，说服他们跟我一起做点事情时，基本算顺畅。

久而久之，我对自己的跨部门沟通能力颇为自信。现在回想起来，是张鹏用自己的影响力和专业性去证明了我们中心的价值，争取来了预算，帮我顶住了很多跨部门沟通的压力。

现在，我的身份变了。销售部门的营销预算相对有限，销售部门的老大也更加看重 ROI（投入产出比），我的每个项目计划总是要遭到深度质问：对提升销量有用吗？你怎么证明有用？预算多少？投入产出比高吗？同样，当我去跨部门沟通时，也总是需要回答很多充满挑战性的问题，但最终沟通的结果却很难完全如我所愿。

这周是与方晴的最后一次会面，我打算与她探讨这个话题。

面谈

周日的面谈还是约在了方晴的工作室。

寒暄过后，我提出了今天想讨论的话题：在跨部门沟通时，如何推动与影响平级同事，从而达成我的目标？

方晴听完我的问题，提问道："能不能讲一讲你最近遇到的一个跨部门沟通的挑战？"

"就说说昨天刚遇到的事吧。"我回答，"上次跟您聊完，我已经找到了去拿到短期成果的突破口。我做了一个针对公司智能生活家电产品线的内容营销方案，跟孙总汇报后，他还是很满意的。在这个方案中，有一个环节是在某个平台上邀请一些生活家居类的博主来试用新品，从而可以广泛传播、给潜在用户种草①。这次，我们并不打算把预算花在粉丝数特别多的 KOL 身上，而是想多找一些有 1 万 ~ 10 万粉丝的博主。这样估算下来，给博主的费用并不高，但传播效果应该更好。方案汇报在孙总那儿挺顺利，却在执行时碰到了一个问题——我需要先申请一批产品邮寄给博主们试用，申请流程到了销售运营部主管那儿，被驳回了。他说申请数量太多，没有先例，也没有相关预算，不同意给我。"

方晴说："理解了。我来分享一个跨部门横向沟通的思维框架，你就根据这个框架来梳理一下这个案例，如何？"

我点了点头。

方晴打开电脑，呈现出一页 PPT（见图 12-1），开始简单讲解："在没有职务权威的情况下推动项目，的确不是一件容易的事。所

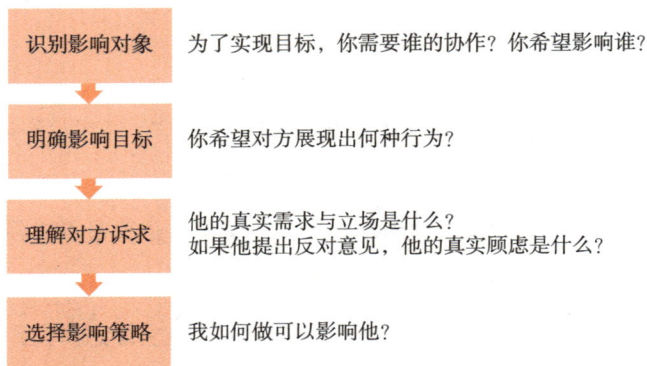

识别影响对象	为了实现目标，你需要谁的协作？你希望影响谁？
明确影响目标	你希望对方展现出何种行为？
理解对方诉求	他的真实需求与立场是什么？ 如果他提出反对意见，他的真实顾虑是什么？
选择影响策略	我如何做可以影响他？

图 12-1 "想"的思路

---

① 互联网流行用语，指分享和推荐商品，使人产生购买欲望。——编者注

以，我的建议是先想清楚，再行动。怎么想呢？可以按以下思路进行。先识别影响对象，再明确你的影响目标，分析与理解对方的诉求和顾虑是什么，然后找到影响他的策略与方法。"

我沉吟了一下，觉得这个框架很简单，似乎对我没什么启发。方晴应该是看出了我的内心活动，她说："别急，我们一步一步来分析。"

▌识别影响对象 ▸▸▸▸▸▸▸▸▸▸▸▸▸▸▸▸▸▸▸▸▸▸▸▸▸▸▸▸▸▸

"在进入这个思考框架前，你先要明确一下，你的目标是什么？"方晴问。

"我的目标就是把产品试用活动做好，取得理想效果。"我毫不犹豫地回答。

方晴笑了："这是你的项目目标。但在思考横向影响时，还需要把目标的颗粒度再缩小一点，就在你被卡住的这件事情里，你的目标是什么？"

"明白了。"我回答，"我的目标就是把试用产品申请到位，不要影响项目推进进程。"

"好的，那带着这个目标，我们来看看，你需要谁的协作，你需要影响谁？"方晴问。

我愣了一下："要影响谁？应该就是那个驳回我申请的运营主管吧。我准备周一去找他呢，活动方案孙总都已经同意了，怎么能卡在他那儿呢？"

方晴回应道："先不着急下结论，也许你需要影响的并不是这位主管。我们在识别影响对象时，可以借用一个叫作 RACI 的工具。"她又呈现出一页文档。

- **谁负责**（R = Responsible）

    即负责执行任务的角色，他具体负责操控执行、解决问题。

- **谁批准**（A = Accountable）

    即对任务负全责的角色，只有经他同意，任务才得以进行。

- **咨询谁**（C = Consulted）

    拥有完成任务所需的信息或能力的人员。

- **通知谁**（I = Informed）

    拥有特权或利益相关、应及时被通知结果的人员，却不必向他咨询、征求意见。

方晴继续讲解："在申请试用产品这个事情中，看起来那位运营主管是负责人，他在管理试用产品的库存、台账、流转，但他只是一个按流程和规则办事的人，并没有太多调配权力。那批准人是谁呢？"

"哦，我懂了。"我回答，"批准人是运营部经理。我们的审批流程是这样的，我来发起，运营主管审批后，运营部经理审批，然后由孙总审批。本来我认为这个方案已经跟孙总在会议上汇报过，他已经同意了，审批流程肯定没有问题，但我没想到按章办事的运营主管并不知道前因后果，他就按规则驳回了。"

方晴点头："所以，你准备去影响谁呢？"

我回答："我本来的想法是，如果运营主管不同意，我就需要再去找孙总。但我又担心孙总太忙，会觉得我这么点事都搞不定。但现在我明白了，我应该提前去跟运营部经理打个招呼，把前因后果都跟他讲清楚。他手里有调配更多试用品的权限，只要他同意了，就会跟运营主管交代这个事，审批就不会被卡住了。"

"没错。"方晴说，"RACI 可以帮助我们来分析企业内部的权力结构和运作流程是什么样的，想清楚这些，才能知道谁是我们要影响的对象。我来考考你，你觉得哪些事找负责人就可以搞定，哪些事应该去找批准人才能搞定？"

"中国有句古话，县官不如现管，意思是许多事情应该直接找具体负责执行的人来解决，"我回答道，"但经过刚刚的讨论，我的理解是，那些可以按常规流程办理的事，就找负责人；需要调配额外资源的、更复杂的事，就找批准人。"

"同意。"方晴说，"另外，你还可以去思考，这个事可以咨询谁，也就是 C，Consulted。提前把信息摸清楚，也可以提高效率，少走弯路。"

我连连点头："这次我就是把事情想得太简单了，如果我去问问其他申请过试用产品的同事，就可以早点意识到应该先去找运营部经理口头沟通一下。那这个通知谁，具体又是指什么呢？"

方晴回答："在有些复杂的任务里，推动任务落地时可能会触碰某些岗位的利益，或是与某些岗位的工作相关。虽然不知会他们，任务也可以继续推动，但当他们发现这些变化时，会觉得没有被重视，这时他们就有可能因为这种感受从中立者变成反对者。为了给自己减少阻力，在做复杂的跨部门项目时，我们需要仔细梳理利益相关人，并思考应该提前知会哪些人。"

"懂了。"我回应道，"这些就是职场的潜规则。"

"是的，但我想澄清一下，人们说到潜规则时，总认为这个词是负面的。在我看来，潜规则是个中性词，是指那些没有明文规定的、约定俗成的规则，这些规则又是被广泛认同、实际起作用的。在组织内部，我们需要同时理解明规则和潜规则，才能更好地发挥影响力。"方晴说道，"除了潜规则，我们还需要去理解企业内部的权力运作系统，这样才能在一个复杂系统中找到关键影响对象。找对人，就像是找到了杠杆，可以帮助我们撬动资源，办成事。"

我边点头边反思自己，的确是这样，我总是希望能远离潜规则，单纯靠自己的专业性去获得工作业绩。但职位越是往上，我就越能体会到，我们必须看到潜规则本身就是组织运行规律的一部分。只有深入理解，才能减少阻力，把事办成。

方晴给了我一点时间来消化刚刚的信息，然后调回刚刚的那页 PPT，继续说："看起来，现在困扰你的问题在第一步分析中就已经解决了。但在其他场景中，找到关键影响对象后，问题可能依然还在，所以，还需要继续往下分析。"

"我也正想问后面的内容。"我翻开笔记本，准备好好记录下来。以下就是我对记录信息的整理。

▌明确影响目标 ▶▶▶▶▶▶▶▶▶▶▶▶▶▶▶▶▶▶▶▶▶▶▶▶▶▶▶▶

当我们定位关键影响对象后，我们需要明确希望他做些什么，也就是明确影响目标。目标需要足够清晰、量化。

方晴讲到一个案例。一位互联网公司的产品经理已经在公司直销团队中验证了一种创新的产品模式，他希望把这种模式推广到渠道团队。经过分析，他认为自己应该影响的关键对象是渠道部门的负责人，也就是渠道总监。

影响目标是什么呢？一开始，他认为目标是让渠道总监同意帮他去推广，但经过分析，他意识到渠道总监非常忙碌，即使他口头同意了，也未必能真正采取行动。于是，他把影响目标的颗粒度缩小，变成"请渠道总监帮他推荐两个试点城市，并说服当地经销商同意试用"。在这个目标实现后，他再去跟当地经销商进行沟通、安排培训和销售支持。这样的影响目标足够清晰、足够量化，对于渠道总监来说也不算特别有挑战性，于是很快就被提上了日程。

方晴的案例给了我很大的启发。在过往跨部门沟通中，我们往往把精力放在说服对方、获得对方口头认可和同意上，但由于目标过于笼统或过于复杂，对方即使同意了也未必会马上行动。如何让影响目标更清晰明确，也是我未来要重点思考的问题。

▌理解对方诉求 ▶▶▶▶▶▶▶▶▶▶▶▶▶▶▶▶▶▶▶▶▶▶▶▶▶▶▶▶

与影响上级类似，当我们想要推动平级伙伴时，也需要理解他的立场、需求和顾虑是什么。因为我们有不同的视角、不同的职责，所以同一个任务对我们而言，优先级可能截然不同。在沟通之前，可以用以下问题清单来尝试理解对方：

他的 KPI、OKR 是什么？在这个绩效周期里，对他而言优先级最高的事是什么？

我希望他做的这件事情，和他的 KPI、OKR 有什么关联？是否可以帮助他实现某个 KPI、OKR？是否会占用他的资源，影响他实现某个 KPI、OKR？

如果他不同意我的要求，是因为有哪些顾虑或阻力？

方晴特别提示我，在跨部门协作时，如果我们提出的需求遭到了拒绝，我们常会在情绪之中给对方贴一个标签，例如"缺乏协作意识""不敬业"等。但如果站在对方的角度来思考，我们有可能会意识到，他也有自己的压力和顾虑。要想深入理解他的阻力来源，可以从下面这四个角度[1]来做分析，看看阻力出在哪里。

1. 个人动力

在做这件事的过程中，他是否可以得到某些好处与价值？

2. 个人能力

他是否有足够的知识、技能、时间来完成这项任务？

3. 团队动力

他的部门同事、他的上级对这件事的态度是什么？

---

[1] 该理论出自《影响力》一书，作者是罗伯特·西奥迪尼，引用时做了简化。

如果他按照我的期待来行动，他的同事或上级是支持还是反对？

4.团队能力与系统能力

如果他想要做这件事，是否可以从他的团队中获得足够的资源，比如文档、资料？

组织内部的流程、工具等是否支持他做这件事？

当我们做完阻力分析，就能够理解对方的不支持、不配合背后的根源是什么，从而去找到更有针对性的影响策略。

▌选择影响策略 ▸▸▸▸▸▸▸▸▸▸▸▸▸▸▸▸▸▸▸▸▸▸▸▸▸▸▸

先来辨析一下，"影响"与"说服"有什么区别？

说服是通过口头方式进行沟通、辩论，目的是获得对方口头的认可与同意。影响则是通过多种策略与方式去改变对方的行为，让对方展现出我们期待的行为。而在日常工作中，我们太喜欢口头的"说服"，却忽略了"影响"。

方晴为我介绍了三种影响他人的杠杆。

第一种是利益。在影响对方的过程中，最快速的撬动方式就是找到双方的共同利益，寻求双赢。

第二种是人际。如果自己暂时还无法影响对方，可以借助对他有影响力的人来实现影响。

第三种是机制，也就是公司内部的政策、制度、流程等，借助机制的力量，可以让协作更顺畅地发生。

在每种杠杆之下，还可以拆解出不同的策略，如表 12-1 所示。

表 12-1　影响力杠杆使用策略

杠杆	策略	关键点
利益	着眼当下：满足对方利益	了解对方的 KPI、OKR 等，与对方沟通，探寻与了解他的真实需求 找到自己想做的事从哪些角度可以满足对方的需求，为对方创造价值
	着眼长期：建立互惠关系	在能力所及和时间允许的情况下，主动帮助和成就他人，在双方的信任账户里存钱，在求助时获得帮助的可能性就会变大
人际	职务权威	去影响他的上级，再通过上级产生影响
	专业权威	在组织内找到有专业影响力的人为自己进行背书、站台，从而增加自身的可信性
	意见领袖	需要影响一个群体时，先找到这个群体中的意见领袖，尽量满足他的需求，通过他对其他人产生影响
机制	借助现有机制	在公司的例会等场合提出自己的诉求，或是晒出问题与对比数据，从而增加管理层对问题的重视度，推动问题解决
	修订机制或建立新机制	厘清职责、建立规则与标准，并与利益相关人达成共识 对新规则、标准等进行充分宣贯，利用新机制影响相关人员，推动任务落地

　　方晴提示我，一个优秀的影响者，并不会执着于某一种策略，而是会盘点自己有哪些资源可用，再根据形式选择最佳策略组合。

这个过程就像在打牌，看看自己有哪些牌，再来决定怎么打。而影响高手即使起手的牌不够好，也可以审时度势、选好组合，帮助自己实现目标。

梳理完横向影响的四个步骤，我跟方晴说："看起来简单的四个步骤，原来可以讲出这么多道理。对于未来怎么去推动和影响其他部门的同事，我现在心里有底多了。"

方晴点头："下次做完一个跨部门协作的项目，再用这个工具来做一次总结与复盘，你会越来越熟练地掌握这种思维模式。"（见图 12-2）

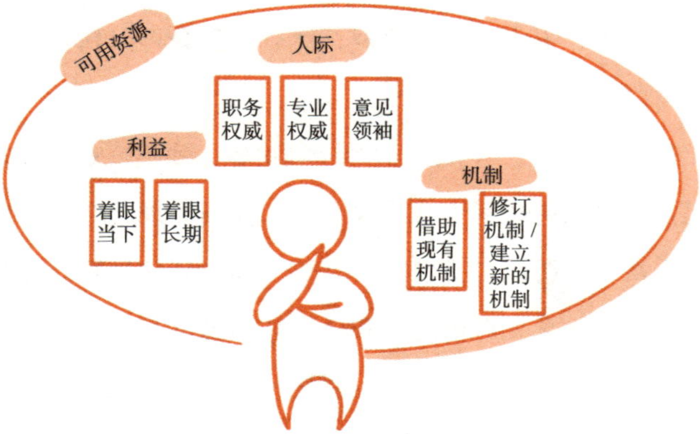

图 12-2　影响策略

▌ 十二次对话的小结 ▸▸▸▸▸▸▸▸▸▸▸▸▸▸▸▸▸▸▸▸

转眼间，今天的辅导时间也快要结束了。

方晴翻了翻她的记事本，对我说："晓磊，到今天为止，我们已经完成了十二次辅导。我们今天一起来做个小总结吧。在这个过程中，你的收获与感受是什么？"

我想到了一个比喻，分享给方晴："我发现你的角色更像一个克制的导游，你的心里有一张地图和关于每个景点的介绍，但是你并不会急于帮我规划好线路，而是让我自由探索，选择先去哪儿。在我来到每一个景点时，你也并不会一股脑地告诉我这个景点的信息，而是与我一起发现这里的奥妙。有时候，为了让探索的效率高一点，你会给我一些指引性的信息。所以，到今天为止，我感觉自己基本掌握了一个新经理的知识地图。但是，还有很多景点只是走马观花，在今后的工作中，遇到一些困难时，我还会回到那个地点，再去体会和重温，然后，我会再回到管理场景中去解决问题。"

方晴的眼神亮了起来："这个比喻很妙，我很喜欢。在每次和你一起探索景点的过程中，我也会有一些新发现，对这个地点的认知更丰富了。所以，我也非常享受与你对话的过程。谢谢你的信任，也谢谢你毫无保留地与我分享你的困惑与思考。祝你在管理者的道路上，继续升级打怪，早日开辟下一张新地图！"

我使劲点点头，然后与方晴握手，互道再见。

我的心里划过一丝复杂的情绪，有一些不舍，但更多的是对未来的信心与憧憬。我当然知道，接下来的管理之路并不好走，但我已经有了最棒的装备。

加油！我默默地对自己说。

知识卡片

一 说服与影响的区别

表 12-2 展示了说服与影响的对比。

表 12-2 说服与影响的对比

	方式	结果	持久性
说服	着重于口头沟通，通过论证、表达、辩论等方式实现	获得对方的口头同意，真实态度不一定会变化，行动变化不一定会发生	较短
影响	通过多种组合策略实现	对方改变态度，并展现出我们期待的行动	较长

二 横向影响的思考逻辑

表 12-3 为横向影响分析表。

表 12-3 横向影响分析表

步骤	说明	可用工具
识别关键影响对象	理解组织的权力结构与运行方式 找对人，才能办成事	RACI
明确影响目标	影响目标需要清晰、量化	
理解对方诉求	理解他的需求和立场是什么 如果他提出反对意见，分析他的真实顾虑是什么	阻力分析

步骤	说明	可用工具
选择影响策略	根据形式与资源选择策略组合	3 种杠杆，7 种策略

学以致用

回想你经历过的一次不够顺畅的横向影响，请思考：

1. 你的目标是什么？为了实现这个目标，你需要将谁作为你的关键影响对象？

2. 你期待关键影响对象展现出什么行为？

3. 你了解他的 KPI 或 OKR 吗？请使用阻力分析工具来理解他的阻力来源。

4. 如果再给你一次机会，你会选择哪些策略组合实现自己的影响目标？

写在最后

管理者的成长之旅

嗨，亲爱的读者朋友，感谢你读到了这里。

在本书的最后，我将回归自己的身份。现在，我不再是晓磊，也不是方晴，我是本书的作者——刘琳。我想站在一个领导力顾问的视角，再与你分享两点关于管理者成长之路的思考。

1. 为什么我们懂了很多大道理，却做不好管理？

这是一个很扎心的问题。

相信除了这本书，你一定也看过其他管理书，上过一些管理课程。书上和课上的工具听起来都很有道理，可一旦碰到现实的挑战，就会觉得用书上的工具太麻烦、太浪费时间，于是一撸袖子，又回到了自己最熟悉的行为方式。

那么，为什么我们懂了很多大道理，却还是做不好管理呢？这个问题背后的答案，就是从"知道"到"做到"的距离。

要解析这个距离，我们可以先来看看"知道"分为哪几个不同的层次。

第一层，是表面的、停留在语言层面的知道。

在这个层次时，我们可以流畅地复述、精准地回忆这个知识点，甚至可以画个思维导图、写篇读书笔记。

拿晓磊来举个例子。在第 2 章中，方晴与晓磊共同探讨了管理者应该如何优化自己的时间管理。在这一章中，我们讲到了一个工具，叫作"紧急重要矩阵"，这个工具，晓磊早就知道，但这种知道就仅仅是表面的、停留在语言层面上的知道。

第二层，是在感受层面的知道。

这种知道，通常要靠经历过、痛过，才能够领悟到。

在晓磊成为一名新经理后，每天有了干不完的活，他手忙脚乱、焦头烂额。于是，他开始向外求助，方晴为他解析了"紧急重要矩阵"背后的道理，他也终于意识到了寻找第二象限的价值，有了一些领悟时刻：原来这么简单的工具，可以发挥这么重要的作用！

在这种突然"通了""悟了"的时刻，我们就上升到了第二层的知道。但是，悟了，就能做到吗？还真不一定。

第三层的知道，才是行动层面的知道，也就是我们常常说的知行合一。

还是用时间管理来举例。我们在第 2 章除了介绍了"紧急重要矩阵"，也讲述了管理者应该如何优化自己的时间与任务管理。

在你到达感受层面的知道后，你是否真的会用这些工具来做一个真实案例的练习呢？不仅仅是在脑海里想想，而是用笔真的写下来哦。

你是否愿意每个星期都用这个工具来系统规划一下自己的任务呢？

你是否能在反复练习的基础上形成自动化的思维习惯呢？

你会发现，上面这三个问题，每个问题都会筛掉一些做出否定回答的人。而只有对三个问题都做出肯定回答的人，才能真正达到知行合一的状态。

这就是从"知"到"行"的距离。

现在，我们可以回答刚刚的问题了：为什么我们懂了很多大道理，却还是做不好管理呢？因为，我们的知道仅仅是表面的知道，是语言层面的知道。

那么，怎样才能从第一层的知道来到第二层、第三层呢？一是刻意练习，二是在管理道路上踩坑爬坡后被经历赋予智慧。没有其他捷径。

关于从知到行，知行合一，王阳明也早就给出了最凝练的答案，可以涵盖我上述全部表达：**未有知而不行者，知而不行只是未知……知是行之始，行是知之成。**

所以，现在我向你发出诚挚的邀请，从这本书中挑选哪怕一个工具或理论，真的在工作中用起来。开始可能会用得磕磕绊绊、别别扭扭，但还是要去用。一段时间之后，你会体会到这些"大道理"背后的"真价值"。

2. 管理者的成长之旅，会是一道上扬的曲线吗？

这是一本以第一人称视角完成的管理者手记。如果按照现在流行的"爽文"剧本，胡晓磊应该在经历一系列挑战后，走上康庄大道，迎来人生巅峰。

不过我并不想这样呈现，因为，在真实的职场中，新经理转型仅仅是管理路上的第一段挑战，伴随着组织的变化、业务的发展，新经理们往往处在一段又一段的挑战之中。

我想借用"英雄之旅"这个概念，来为你阐述每一段挑战的意义。

英雄之旅的概念来自美国的神话学家约瑟夫·坎贝尔，他在《千面英雄》这本书中讲到了他的一个发现：人类历史上几乎所有的英雄故事都建立在一个基本的构造之上，这个构造分为12个阶段（见图13-1）：

- 英雄在平凡世界中长大；
- 他收到一段踏入冒险之旅的邀约，但他在犹豫是否接受；
- 他遇到一位人生导师；
- 他决定接受邀约，踏入新的旅程；
- 旅程中遇到一些小考验；
- 继续深入这段旅程；
- 遇到终极考验，生死一线；
- 英雄取得胜利；
- 带着宝藏返回平凡世界；

- 在平凡世界中开始新的生活；
- 新生活也许和原来一样，但英雄却有了不同的感悟与思考；
- 他在平凡中得到了升华。

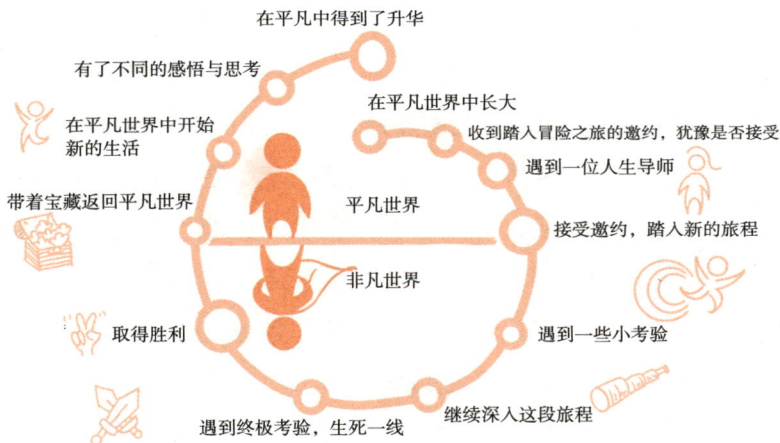

图 13-1　英雄之旅

认真去观看好莱坞的大片，比如《哈利·波特》《指环王》《功夫熊猫》，或是去看看我们中国的神话，比如《宝莲灯》，都可以看到这个基本构造的轮廓。

这对管理者的成长又有什么启示呢？

"英雄之旅"模型除了被编剧们奉为经典，也被带入成年人发展的领域。其实，每个平凡人在自己的一生中也都可能会经历数次英雄之旅，它可能是一次创业，也可能是一次岗位晋升后的磨合，或是一次职业转型。在这些英雄之旅中，我们从平凡世界出发，面对挑战，经历低谷与痛苦，最终获得宝藏，返回平凡世界开始新的生活。这份宝藏未必是一份实物，更有可能是内心的蜕变。英雄之旅所描述的就是我们每个成年人在挑战、痛苦与反思中获得心智成长的过程。正如桥水基金创始人瑞·达利欧在《原则》一书里总结的公式一样：痛苦 + 反思 = 进步。

所以，管理者的成长之路，并不会是一道一路上扬的曲线，而是一段又一段既有低谷又有高光时刻的英雄之旅。在每一次遭遇挑战时，在焦虑和压力中想要逃跑时，不妨提醒自己，我正在度过一段英雄之旅呢，感到费力是因为我正在爬上坡。也不妨再问问自己，在这一次的旅程中，我将会收获什么宝藏呢？

顺便说一句，写这本书，对我而言，也是一次英雄之旅。选择用对话体来呈现，对我而言是一个非常具有挑战性的任务。在写作的过程中，我努力想把故事、对话、理论整合在一起，让读者能从故事中获得情感共鸣，也能从理论干货中获得智慧启发。写至中途，我一度停滞，怀疑自己无法完成这个任务。但最终，我还是完成了这个挑战。这本书的呈现一定不够完美，但一定是这个阶段的我最努力、最有诚意的呈现。回顾这段英雄之旅，我对自己的能力边界有了更多探索与认知，也获得了更多信心去面对下一段挑战。

所以，亲爱的读者，现在的你正处在哪一段英雄之旅中呢？祝你在自己的管理道路上知行合一，越过你的低谷与山峰，书写属于自己的英雄故事！